Du kommst nach einem anstrengenden Tag nach der Arbeit nach Hause. Zu Hause angekommen, trifft dich der Schlag. Deine bessere Hälfte hat eure Wohnung zu einem Schlachtfeld verkommen lassen. In der Küche stapelt sich das dreckige Geschirr. Im Schlafzimmer liegen überall Kleidungsstücke rum. Der Wohnzimmertisch hat auch schon bessere Tage gesehen. Du merkst, dass da ein komisches Gefühl um die Ecke kommt. Das Gefühl brodelt immer mehr und mehr in dir. Du bist wütend? Nein, dieses Wort ist fast zu harmlos. Du bist stinksauer, du stehst kurz vor dem Platzen. Wenn du verheiratet wärst, wäre das jetzt der Zeitpunkt, die Scheidungspapiere zu organisieren. Wobei. Eigentlich ist dir eher mehr danach, deine bessere Hälfte in eine selbstgebastelte Rakete zu setzen und auf den Mond zu schießen.

Aber. Ist das erlaubt? Denn ganz ehrlich, du bist dir ganz sicher, dass du für das Gefängnis viel zu hübsch bist. Und es besteht ja immer eine reelle Chance, dass man dich erwischt.

Na, erkennst du dich wieder? Wir alle kennen Situationen, in denen unsere bessere Hälfte uns einfach nur noch auf den Sack geht und wir innerlich verschiedene Möglichkeiten durchgehen, wie wir ihn oder sie verschwinden lassen können. Doch Stopp! Bevor du noch einen Fehler machst, den du bereust, lese jeden Tag eine Seite in diesem Mitmachbuch. Es wird dir helfen, auf andere Gedanken zu kommen und dich zu entspannen. Denn sind wir mal ehrlich: Unsere bessere Hälfte im Wald auszusetzen ist nicht erlaubt. Nein, nein, nein.

Du wirst in diesem Mitmachbuch auf eine Vielzahl von Dingen treffen, die dir helfen, dass die Wut erträglicher wird: Mandalas, Sudokus, Ausmalbilder und vieles mehr. Alles Aktivitäten, die dir helfen werden, am Abend deine bessere Hälfte ganz entspannt zu fragen: Schatzi, geht's dir gut? (Ironie aus)

Viel Spaß beim Abreagieren!

Tag 1: Smile...

Schatzi hat mal wieder Mist gebaut. In dir brodelt es und du bist ganz kurz davor, Amok zu laufen? Stopp! Du bist definitiv zu hübsch für das Gefängnis! Setze dich besser vor einem Spiegel und ziehe die Mundwinkel nach oben. Na? Geht's dir schon besser? Ich denke schon. Grund hierfür ist, dass beim Lächeln Glückshormone freigesetzt werden. Selbst wenn wir lächeln, obwohl uns gar nicht danach ist.

TAG 2: IMMER IN DIE FRESSE REIN!

Du würdest ja gerne, wenn du nur dürfest. Aber leider, leider darfst du nicht! Offiziell zumindest. Hier schon. Male das Gesicht von deinem Schatzi und dann hau rein!

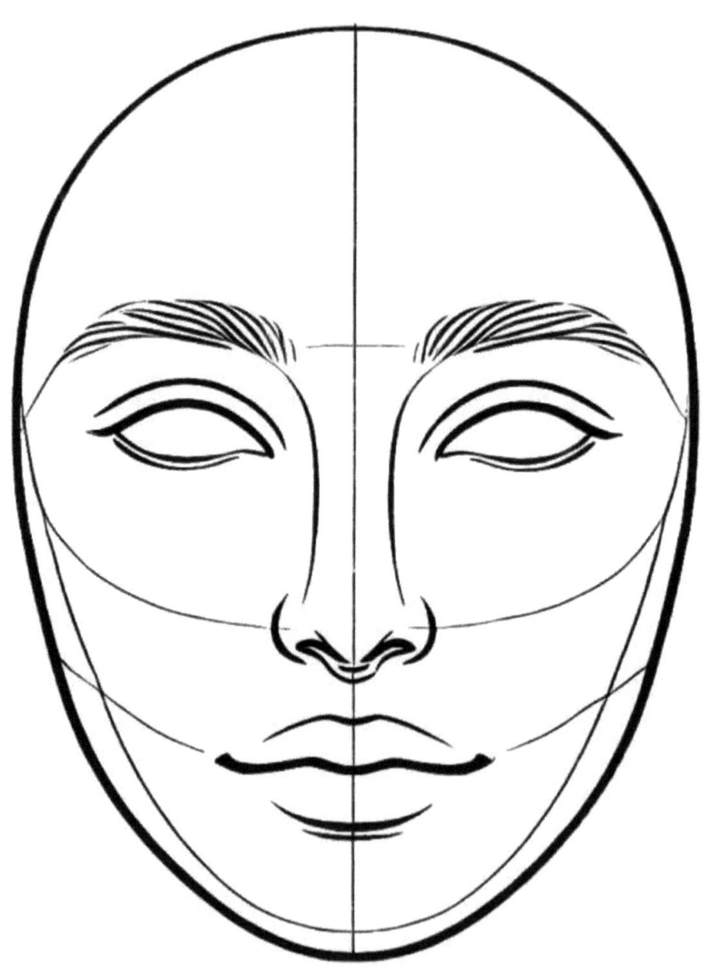

TAG 3: ALLES WIRD GUT

Dein Schatzi hat dir so richtig weh getan? Schreibe den Namen deines Schatzis auf deinen Arm und dann klebe ein Pflaster drüber. Jetzt musst du nur noch abwarten. Zeit heilt alle Wunden.

TAG 4: KURZ VORM PLATZEN

Stell dir vor, dein Schatzi wird immer runder und runder. Wie ein Luftballon. Du hast die Ehre, ihm mit einer Nadel in den Luftballon-Bauch zu stechen. Wie ein richtiger Ballon fliegt er dadurch zunächst wild durch die Gegend, bevor er dann ganz davonfliegt. Ganz weit weg. Tschö mit ö.

Tag 5: Tage wie diese

Es gibt Tage im Leben mit deinem Schatzi, da hilft nur noch Schokolade? Neeeeee, bevor du zum nächsten Schokoriegel greifst, um dich glücklich zu futtern, fülle lieber dieses Sudoku aus. Sudokus haben wenigstens Null Kalorien und setzen sich nicht fies an den Hüften ab.

	9						5	
1		5					2	
7	8					6		1
	5	3		1	8			6
		1	9			5	3	
				7	5			2
			8	3		2		
	6						8	7
9								

TAG 6: PEACE, ALTER!

Dir ist danach, Schatzi zu erwürgen? Dann male stattdessen schnell mit einem Stift lauter Peace-Zeichen auf
diese Seite, um dich wieder friedvoller zu stimmen!

TAG 7: FESTE PRESSEN

Heute hasst du Schatzi ganz besonders? Dann reiße
diese Seite aus und knülle sie so fest zusammen, wie du
nur kannst. Na komm, noch ein bisschen fester! Danach
schmeißt du das Papierknäuel ein paarmal kräftig gegen
die Wand. Na? Geht's besser?

TAG 8: ZITATE ZUM SCHMUNZELN

„Manche Menschen haben das Talent, einem den Tag zu verschönern. Allein durch ihre Abwesenheit!"

Tag 9: Das Eisbad

Stell es dir bildlich vor, während du die Grafik ausmalst: Schatzi muss heute ein richtig fieses Eisbad nehmen!

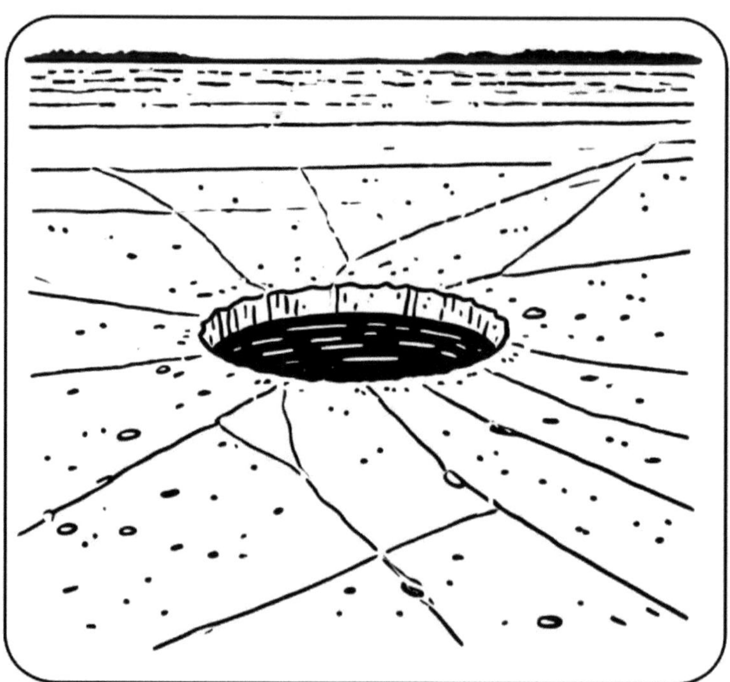

TAG 10: KONFETTI-REGEN

Schatzi ist außer Haus? Zeit zum Feiern! Nimm dir einen Locher und löchere diese Seite. Dann nimm das Konfetti aus dem Locher und schmeißt es wie wild um dich. Wenn du magst, kannst du diese Seite noch vorher bunt ausmalen, dann hast du buntes Konfetti!

TAG 11: DANCE, BABY, DANCE

Schatzi regt dich wieder einmal auf? Dann scrolle durch deine Playlist. Da gibt es bestimmt das EINE Lied, dass dich so richtig glücklich macht! Spiel dieses Lied ab und dann tanz. Je wilder, desto besser. Und? Geht's dir besser?

TAG 12: ICH LÖSCHE DICH AUS!

Es kann so einfach sein. Schreibe den Namen von Schatzi mit Bleistift auf diesem Blatt und dann radiere ihn weg. Mit jedem Buchstaben, der verschwindet, löschst du deinen Schatzi aus!

Tag 13: Weinst du etwa?

Achtung! Hier kommt ein bisschen unnützes Wissen für dich! Wissen, was dich von deinem Ärger über deinen Schatzi ein wenig ablenken wird. Ganz sicher.
Wusstest du, dass Frauentränen einen halben Grad wärmer sind als die Tränen eines Mannes? Nein, dann bitte schön für die Info!

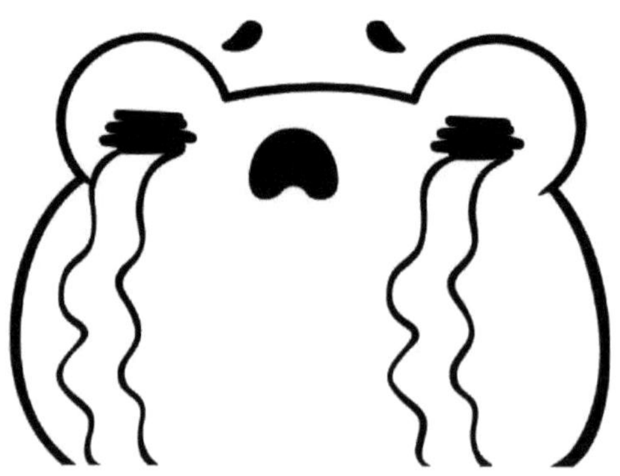

TAG 14: DANN SCHENKE ICH MIR EBEN BLUMEN!

Schatzi schenkt dir nie Blumen? Wozu brauchst du jemand, der dir Blumen schenkt? Selbst ist die Frau/der Mann. Male den Blumenstrauß aus und dann stelle ihn gedanklich mit einer schönen Vase auf den Wohnzimmertisch!

TAG 15: DER SCHÖNSTE LIEBESBRIEF DER WELT!

Du willst deinem Schatzi noch unbedingt etwas mit auf den Weg geben? Dann ist es an der Zeit, deinem Schatzi einen Liebesbrief zu schreiben. Schreibe dir deine ganze Wut von der Seele. Um es noch spannender zu machen: Mach es dir zur Aufgabe, so viele Schimpfwörter wie nur möglich in diesen Brief unterzukriegen!

TAG 16: AUF ZUM MARS

Man hört ja immer wieder, dass Leute von Marsmenschen entführt werden, nicht wahr? Heute ist dein Glückstag, denn Schatzi wird doch tatsächlich von welchen abgeholt und auf den Mars verfrachtet. Schatzi weg. Problem gelöst.

TAG 17: OOOOOOOOOH, WIE SÜSS!

Ooooooooh, da ein Einhorn, ein Regenbogen und Wolken, die wie Zuckerwatte aussehen. Besser geht's nicht! Wie kann man da noch schlechte Laune wegen Schatzi haben? Male das Bild bunt aus. Wenn du noch etwas Glitzer zur Hand hast, kannst du zum Abschluss noch etwas davon darüberstreuen.

Tag 18: Schimpfen wie ein alter Lateiner!

Schatzi beleidigen, ohne dass es die Person mitbekommt? Mach es wie die Lateiner, brülle Schatzi ein lautes „Te odi, sceleste!" entgegen. Das ist Latein und bedeutet übersetzt: „Ich hasse dich, Mistkerl!"

TAG 19: DU GEHST MIR AUF DIE... !

Boah, geht dir Schatzi heute wieder auf die Eier. Reagiere dich ab, indem du die Eier bunt ausmalst.

TAG 20 DER VOODOO-TRIP

Zeit, für einen Voodoo-Trip: Gib der Voodoo-Puppe Schatzis Namen. Dann schneide sie aus und stich mit einem Kugelschreiber dort ein, wo es Schatzi weh tun soll. Immer wieder und wieder und wieder... Hi, hi.

Tag 21: Ätschi, bätschi

Zunge rausstrecken ist KEIN gutes Benehmen? Egal, heute streckst du deinem Schatzi die Zunge raus und denkst ganz laut: Ätschi, bätschi!

TAG 22: DAS WIRD MAN JA WOHL NOCH EINMAL SAGEN DÜRFEN!

Heute ist dein Glückstag. Du darfst deinem Schatzi alles sagen, was du willst. Also geh in dich. Welche weisen Worte möchtest du deinem Schatzi unbedingt mitgeben? Schreibe deine Worte in die Sprechblase.

TAG 23: ZEIG DEINE FRATZE!

Das Gesicht von Schatzi kann ja noch so schön sein. Wenn der Charakter hässlich ist, mutiert das hübscheste Gesicht zur Teufelsfratze, oder?

TAG 24: THINK POSITIV, BABY!

Dies ist eine Kartoffel. Aber das ist nicht irgendeine dahergelaufene Kartoffel vom Feld des Bauern Gerd aus Buxtehude. Nein, dies ist eine ganz besondere Kartoffel. Es ist eine positive Kartoffel. Male diese Kartoffel aus und verinnerliche das, was diese wunderschöne, positive Kartoffel dir zu sagen hat.

Tag 25: Da kommt der Bohrer!

Stell dir folgende Situation bildlich vor, während du das Bild ausmalst: Schatzi ist mit ganz fürchterlichen Zahnschmerzen aufgewacht und muss ganz dringend zum Zahnarzt. Dumm nur, dass heute Wochenende ist.

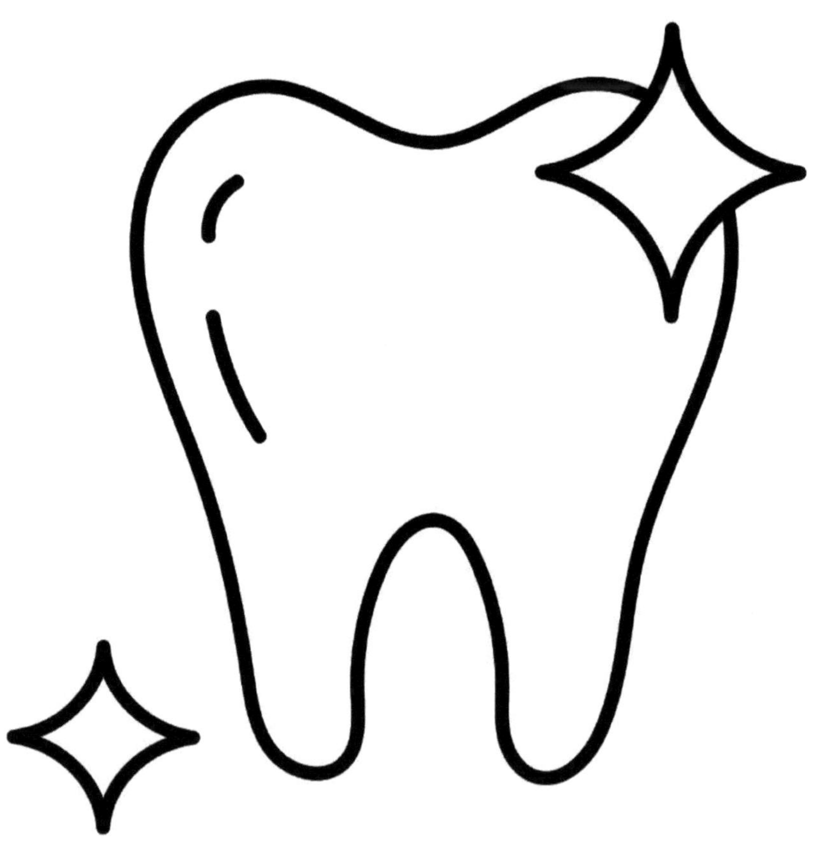

TAG 26: ICH BRINGE SCHATZI NICHT UM!

Mantra? Wat ist denn das? Der Begriff „Mantra" kommt aus dem Sanskrit und bedeutet so viel wie Spruch oder Hymne. Mit dem richtigen Mantra kannst du Einfluss auf deine Gedanken nehmen und dich abreagieren, wenn du dich mal wieder über Schatzi aufregst.

Heute entwickelst du drei Mantras. Drei positive Gedanken. Diese wiederholst du ab heute jeden Tag, am besten direkt am Morgen, wenn du aus dem Bett gefallen bist. Du wirst sehen, bald schon wirst du an deine eigenen Worte glauben!

TAG 27: ICH KÖNNTE DIR DEN HALS UMDREHEN!

Du bist heute früh aufgewacht, mit dem dringenden Bedürfnis, deinem Schatzi den Hals umzudrehen? Bevor du dich strafbar machst, male dieses Mandala aus. Wenn du dann immer noch das Bedürfnis hast, deinem Schatzi den Hals umzudrehen, dann nimm ein Handtuch und stelle dir vor, es wäre der Hals von Schatzi.

Tag 28: Fruchtfliegen-Alarm

Wer hat das Gehirn einer Fruchtfliege?

Antwort:

TAG 29: IIIIIIIIIGITT, SO EINE SCHEISSE!

Hier siehst du einen Scheißhaufen. Einen echt großen und fürchterlich stinkenden Scheißhaufen. Dieser fast perfekte Scheißhaufen ist reserviert. Für Schatzi. Denn Schatzi wird noch heute in diesen Scheißhaufen treten. Male den Scheißhaufen aus!

TAG 30: AB ZUM MARS!

Du hast dir schon Konstruktionspläne für eine Rakete aus dem Internet geladen? Damit du deinen Schatzi auf den Mond schießen kannst? Bevor du noch auf dumme Gedanken kommst, löse dieses Labyrinth.

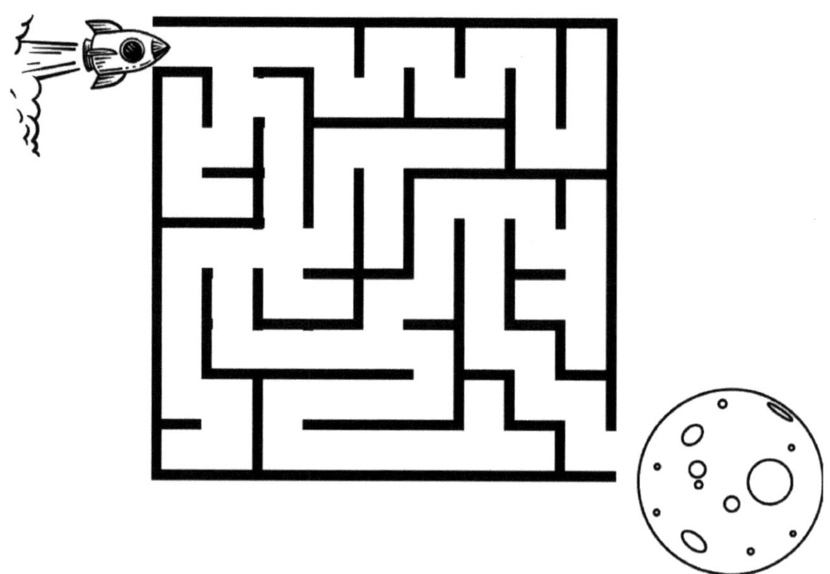

TAG 31: GIB MIR ENERGY!

Du steckst momentan all deine Energie darin, dich über deinen Schatzi aufzuregen? Dann brauchst du dringend neue Energie. Mach dir Energy-Balls, um wieder neue Energie zum Aufregen zu haben.

Das brauchst du (für etwa 20 Stück):

100 g Mandeln, gehackt
180 g Datteln
2 EL Kakaopulver
1 Prise Salz
Optional: Kokosraspeln

So geht's:
Gib alle Zutaten (außer den Kokosraspeln) in einen Multi-Zerkleinerer. Jetzt solange mixen, bis alles quasi EINS wird. Mit Hilfe eines Esslöffels immer etwas von dieser Masse abnehmen und mit den Händen zu Kugeln formen. Wenn du Bock hast, kannst du die fertigen Bälle auch noch in Kokosraspeln wälzen. Guten Hunger!

TAG 32: ICH PACKE MEINEN ERSTE-HILFE-KOFFER!

Überlege dir eine Liste, mit fünf Dingen, die dich glücklich machen. Das kann beispielsweise ein Schokoriegel, eine perfekte Maniküre oder eine Laufeinheit sein. Packe diese Dinge, die dich glücklich machen, in eine Kiste, in deine ganz persönliche Erste-Hilfe-Box. Du weißt nicht, wie du deine Laufeinheit in die Kiste packen sollst 😊? Schreibe sie auf einen Zettel und wir den Zettel in die Kiste. Immer dann, wenn du dich ganz besonders über Schatzi aufregst, gehst du zu deiner Erste-Hilfe-Box und schaust, was dich ein kleines bisschen wieder glücklicher machen kann.

Tag 33: Du linke Bazille!

Wer ist eine wirklich, wirklich ganz linke Bazille?

Antwort:

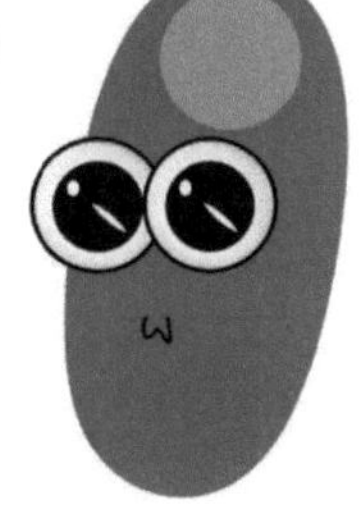

TAG 34: STINK-BOMBEN-ALARM

Heute bastelst du eine Bombe. Eine müffelnde Stink-bombe für Schatzi. Male alles, was besonders ekelhaft duftet in diese Bombe und dann stell dir vor, wie du sie, unauffällig in Schatzis Nähe platzierst. Wo sie dann hoch-geht und ihren Gestank verteilt. Der Gestank hält wochen-lang. Versprochen. Noch besser: Der Gestank haftet auch an Schatzi. Immer wenn Schatzi vor die Tür geht, rümpfen die Leute die Nase, weil sie denken: Verdammt, was riecht denn hier so EKELHAFT?

TAG 35: ICH HASSE DICH!

Du bist aufgewacht und voller Hass? Du bist ins Bad gegangen? Immer noch voller Hass? Du wankst in die Küche – immer noch voller Hass? Bevor dir der ganze Hass deinen Tag versaut, nimm dir lieber eine Tasse Kaffee und löse dieses Wörterrätsel. Sieben Worte haben sich in dem Buchstabensalat versteckt.

Puzzle #1

F	N	R	U	M	V	Z	J	X	I	A	S	U	M	S	X
F	D	Q	H	P	L	M	D	Q	E	U	W	H	J	V	N
M	E	W	B	C	J	V	O	I	M	H	L	A	N	U	M
T	D	X	F	W	U	S	F	Z	B	G	Y	R	G	W	G
S	A	C	K	R	C	R	H	L	X	I	L	O	R	I	N
U	V	N	F	H	E	Q	C	W	A	Y	T	U	L	A	Z
Y	P	K	M	S	N	T	H	E	P	S	R	C	G	Z	U
N	E	U	O	R	A	M	W	I	D	P	C	U	H	V	A
N	N	L	I	C	B	D	P	C	J	Z	R	H	T	G	O
T	N	E	Y	E	V	H	K	H	Q	O	E	E	E	Y	B
W	E	J	M	O	M	L	R	E	J	H	F	V	B	A	V
V	R	O	V	D	Y	I	H	I	B	D	A	E	P	S	H
T	O	V	N	G	A	P	Q	H	S	E	G	L	B	H	D
X	T	P	B	R	V	U	I	D	Y	P	X	R	O	O	B
K	P	R	U	S	L	V	I	J	F	P	P	K	D	N	T
Z	X	R	T	S	X	D	X	I	T	W	Z	L	W	E	C

BITCH	DEPP
FLASCHE	LOSER
PENNER	SACK
WEICHEI	

Tag 36: Hasi, bist du es?

Oh Gott, was ist mit Hasi passiert? Heute früh war er noch flauschig und süß. Und jetzt? Verunstalte Hasi und stell dir vor, Hasi wäre Schatzi.

TAG 37: VIREN, ÜBERALL VIREN!

Wer soll heute mit einer richtig schweren Grippe daniederliegen?

Antwort:

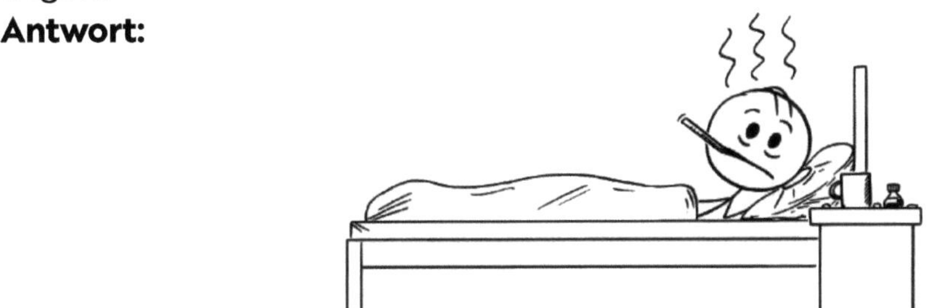

TAG 38: SCHAU IN DEN ABGRUND!

Du stehst mit Schatzi auf einem Berg, die Landschaft um dich herum ist atemberaubend. Plötzlich läuft ein innerer Film in dir: Du schubst deinen Schatzi in den Abgrund. Schatzi fällt immer tiefer und tiefer. Bis Schatzi unten aufprallt. Ups. Bevor du deine morbide Phantasie wahrwerden lässt, male lieber schnell dieses Mandala aus.

TAG 39: SO EIN DONNERWETTER!

Der Himmel sieht wirklich bedrohlich aus. Dunkle Wolken, wohin das Auge schaut. Weltuntergangsstimmung. Ein Gewitter zieht auf. Überall blitzt und donnert es. Leider wird Schatzi vom Blitz erschlagen. Naja, kein großer Verlust. Male die Blitze, die Schatzi erschlagen sollen.

TAG 40: ATMEN WIE EIN GORILLA

Du bist down? Sich über Schatzi aufzuregen kann ganz schön viel Energie kosten. Atme wie ein Gorilla, um dich besser zu fühlen. Wie das mit der Gorilla-Atmung geht? Du stehst aufrecht, die Beine sind hüftbreit auseinander, die Knie ganz leicht gebeugt. Jetzt atme tief ein und halte die Luft an, trommele mit den Fingern auf deinem Brustkorb. Anschließend beugst du dich nach vorn, stützt dich mit den Händen auf den Knien ab. Schürze deine Lippen und atme dann stoßweise aus, bis die Lungen ganz leer sind. Einatmen und dabei aufrichten. Wiederhole das Ganze und klopfe bei der zweiten Runde deinen Brustkorb mit den Händen ab und in der dritten Runde mit den Fäusten.

Tag 41: Achtung, hier kommt ein...

Wer soll heute von einem großen Gegenstand erschlagen werden, so dass er platt wie eine Flunder ist? Male einen Gegenstand, der Schatzi auf den Kopf fallen soll.

TAG 42: ICH BIN EIN GUMMIBÄR...

Schatzi verwandelt sich in ein Gummibärchen. Ein Gummibärchen, dass du deinen Freunden/Nachbarn/Kollegen auf dem Silbertablett präsentierst. Und, oh wie schade, ist das Gummibärchen Geschichte. So ein Pech.

TAG 43: UNTER DIE RÄDER KOMMEN

Schatzi möchte über die Straße gehen. Er guckt zu einer Seite, dann zur anderen Seite und geht einen Schritt nach vorn. Wisch, wird Schatzi von einem riesigen LKW überfahren und klebt seitdem an den riesigen Reifen. Male das Gesicht von Schatzi auf den Reifen.

TAG 44: MOMENT, WAS IST DENN DAS?

Du scrollst gerade durch dein Handy und siehst ein Foto von deinem Schatzi. Moment, was hat denn Schatzi dort auf der Nase? Komisch, ist dir vorher noch nie aufgefallen. Du zoomst näher ran. Es ist eine Warze. Dein Schatzi hat eine fette, hässliche Warze auf der Nase, aus der drei schwarze Haare sprießen. Zeichne die Warze von Schatzi auf die Nase!

TAG 45: MUNDWINKEL HOCH, ABER PLÖTZLICH!

Ein Paar steht auf einer Brücke, um sich auf einen Bungee-Sprung vorzubereiten. Plötzlich schubst die Frau den Mann von der Brücke – ohne Seil. Sie ruft ihm noch hinterher:

„Du wolltest es doch immer mal ohne Gummi machen!"

Tag 46: Wider den Frust!

Schatzi hat mal wieder einen besonders dummen Spruch gemacht. Der Bleistift liegt schon in deiner Hand. Bevor du ihn jetzt in Schatzi rammst, kritzele wild auf dieser Seite herum.

TAG 47: DU GEHST ZUM SPORT?

Schatzi liebt seine Figur. Diese stählt Schatzi durch anstrengende Sporteinheiten. Heute geht Schatzi wieder zum Sport und oje, Schatzi verletzt sich. Jetzt wird Schatzi wohl zunehmen, weil Schatzi leider wochenlang pausieren muss. Wo hat Schatzi sich verletzt?

TAG 48: ICH BIN JA SOOOO DANKBAR!

Schatzi ist mal wieder doof? Zum Glück gibt es noch andere Dinge in deinem Leben. Dinge, über die du mit Sicherheit dankbar bist. Schreibe dir vier Sachen auf, für die du heute dankbar bist.

TAG 49: SCHIMPFWÖRTER ABC

Du warst schon immer sehr kreativ, was Schimpfnamen angeht? Dann kannst du dich heute voll und ganz ausleben. Versuche für jeden Buchstaben im ABC ein Schimpfwort zu finden. Schreibe alle Schimpfnamen, die dir einfallen, auf.

____

____

____

____

____

Tag 50: Ab an den Galgen

Du stöberst schon durch das Online-Angebot deines Baumarktes, um dir alles für einen Galgen zu kaufen. Einen Galgen, an dem du Schatzi aufhängen kannst? Klappe den Rechner zu und male lieber einen Galgen, an dem du Schatzi aufknüpfst.

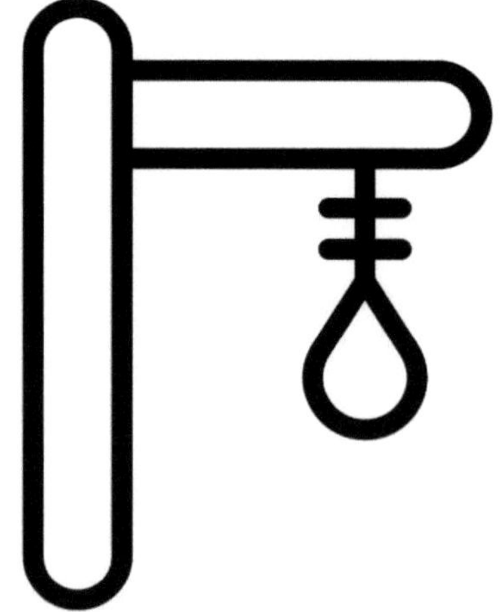

TAG 51: GEH MIR NICHT AUF DIE EIER!

Schatzi geht dir heute auf die Eier? Mach es dir einfach und backe ein paar Eier-Kekse, die du dann gemütlich verspeist. Problem gelöst!

Für 6 Spiegelei-Kekse brauchst du:

125g Weizenmehl
50g Zucker
75g kalte Butter
1 Ei
Optional: Aroma-Tropfen nach Wahl

Für Deko:

250g Puderzucker
1 Eiweiß
Etwas Wasser

So bereitest du die Spiegelei-Kekse zu:
Siebe das Mehl in eine Schüssel und gib den Zucker hinzu. Die kalte Butter in kleine Stücke schneiden und mit in die Schüssel geben. Schön vermengen, bis der Teig krümelig geworden ist. Jetzt nur noch das Ei hinzugeben und optional die Aromatropfen. Den Keksteig mit den Händen kneten und dann flach drücken. Eingewickelt in Frischhaltefolie für eine Stunde in den Kühlschrank stellen.

Kurz vor Ende der Kühlzeit den Backofen auf 200 Grad Ober- und Unterhitze vorheizen. Schütte etwas Mehl auf eine Arbeitsfläche und rolle den Teig mit einem Nudelholz aus. Er sollte ungefähr fünf Millimeter dick sein. Jetzt nimmst du ein scharfes Messer und schneidest sechs Spiegeleier aus dem Teig. Dann ab in den Ofen mit den Spiegeleiern. Nach zehn Minuten Backzeit sind sie fertig! Abkühlen lassen.

Für die Verzierung schüttest du den Puderzucker in eine Schüssel. Gib die Eiweiße und 1-2 Tropfen Wasser hinzu. Und dann heißt es, aufschlagen (am besten denkst du dabei an Schatzi), bis die Masse cremig ist. Einen Teil davon abnehmen und mit gelber Lebensmittelfarbe einfärben. Jetzt die weiße Glasur auf die Kekse auftragen und trocknen lassen. Danach das Eidotter auf die Kekse verteilen. Und wieder trocknen lassen. Dann VERNICHTEN!

Guten Appetit.

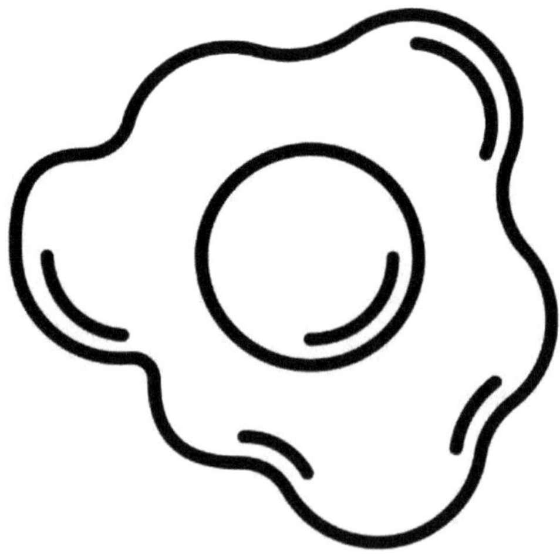

TAG 52: FÜR DICH SOLLS ROTE ROSEN REGNEN!

Dir hat schon lange keiner mehr rote Rosen geschenkt? Macht nichts. Selbst ist die Frau/der Mann. Male viele schöne Rosen auf diese Seite und stelle dir vor, dass sie für eine besonders wichtige Person sind: Für dich!

TAG 53: MUNDWINKEL HOCH, ABER PLÖTZLICH!

Bei einem Pärchen geht es gerade heiß her im Bett. Sie ist in reinster Ekstase und fängt an zu stöhnen. Das Stöhnen wird immer tiefer.
Sie flüstert ihm zu: „Oh, Ah gibs mir. Sag mir irgendwelche dreckigen Dinge."
Der Mann schaut der Frau tief in die Augen und antwortet: „Wohnzimmer, Küche, Bad, Schlafzimmer."

Tag 54: Er liebt mich, er liebt mich nicht

Wütend sein ist kein schönes Gefühl. Zeit, es loszulassen, indem du dich mit etwas unnützem Wissen ablenkst. Hier kommt es:

Hast du eine Ahnung, wie oft die Rekordhalter im Heiraten vor dem Altar getreten sind? Nein. Lauren Lubeck Blair und David E. Hugh Blair sind stolze 101x vor den Altar getreten. Da scheint sich jemand seiner Sache sehr sicher zu sein. Nicht.

TAG 55: ICH BIN SO ENTSPANNT, ENT-SPANNTER GEHT'S GAR NICHT!

Schließe kurz deine Augen und dann atmest du dreimal tief ein und wieder aus. Stell dir vor, du wärst ein Panda. Ein Panda, der den lieben langen Tag nichts Besseres zu tun hat, als seinen Bambus zu essen. Kein Schatzi, der ihn ärgert. Nur er und der Bambus.

TAG 56: WENN ICH WOLLTE, DANN KÖNNTE ICH!

Ich bin sicher, dass es das ein oder andere Schimpfwort gibt, dass du deinem Schatzi heute gerne mitgegeben hättest. Notiere deine ganz persönliche Top 3 hier.

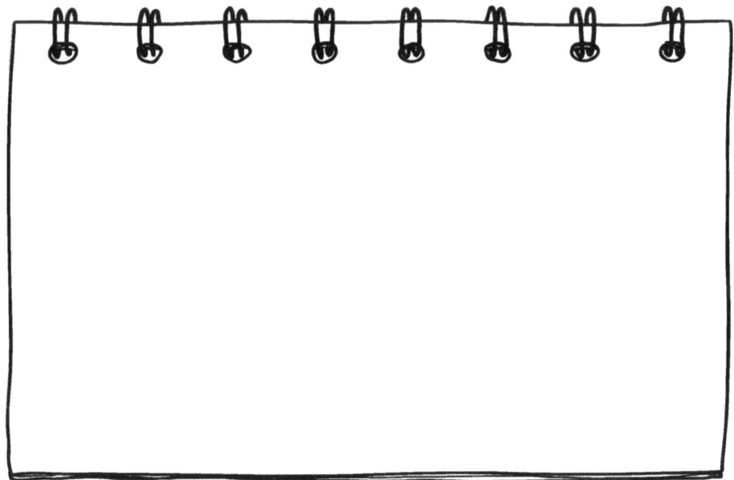

TAG 57: NEIN, ICH GEHE DIR NICHT AN DIE GURGEL!

Na, morgens aufgewacht und sofort das dringende Bedürfnis gehabt, Schatzi an die Gurgel zu gehen? Stopp! Heute nicht. Der Tag ist viel zu schön, um jemanden um die Ecke zu bringen. Versuche es stattdessen mit einer kurzen Meditation. Setz dich erst einmal ganz entspannt in Schneidersitz auf den Boden. Damit der Popo nicht zu kalt wird, setz dich auf eine Decke. Hände liegen entspannt auf den Oberschenkeln, Handflächen zeigen nach oben. Dann schließe die Augen und konzentriere dich vollkommen auf deinen Atem. Es kann sein, dass immer wieder Mordgedanken aufploppen. Wenn dies der Fall ist, dann schicke sie ganz entspannt wieder weg und fokussiere dich wieder auf deine Atmung. Als Anfänger reichen 3 Minuten Meditation völlig. Wenn du magst, kannst du dir einen Timer stellen. Nach und nach kannst du die Dauer der Meditation erhöhen.

TAG 58: UPS, WAR DA ETWA WAS?

Schatzi und du seid auf einem Spaziergang unterwegs. Plötzlich vor euch: Eine steile Treppe, die ihr hinuntergehen müsst. Ihr seid beide extrem vorsichtig beim Runtergehen. Doch leider, leider verpasst Schatzi eine Treppenstufe und kullert die Treppe runter. Wirklich, kein schöner Anblick. Zeichne den Unfall (und hab dabei ein bisschen Mitleid - oder auch nicht)

Tag 59: Mein Held - Mohammed Ali

Schatzi geht dir heute wieder so richtig auf den Sack. Am liebsten möchtest du ihm eine reinhauen. Aber ganz ehrlich? Gewalt ist auch keine Lösung. Führe stattdessen ein paar gezielte Schattenbox-Schläge a la Mohammed Ali aus!

TAG 60: AB ÜBER DEN JORDAN!

Wer soll heute ruhig über den Jordan gehen?

Antwort:

TAG 61: COOKIES VERNICHTEN!

Du hast das Gefühl, du musst Schatzi vernichten? Das darfst du nicht. Leider. Gehe stattdessen in den nächsten Supermarkt und besorge dir Kekse. Vernichte diese!

TAG 62: BLUT, ÜBERALL BLUT

Du bist kurz vorm Platzen? Aber mal ehrlich: Das wäre ein großer Verlust für die Welt. Stelle dir doch stattdessen vor, wie ein Körperteil von Schatzi platzt. Male das auf. Ganz wichtig: Vergiss das Blut nicht!

TAG 63: EINE KLEINE UMFRAGE

Es ist Zeit, für eine kleine Umfrage. Du darfst auch gerne mehrere Antworten ankreuzen.

Frage: Möchtest du heute Schatzi in die Fresse boxen?

Antworten:

Ja

2xJa

Knockout

TAG 64: HAST DU ETWA NEUE SCHUHE?

Schatzi war gestern shoppen. Unter anderem auch im Schuhgeschäft. Dort hat sie richtige Schnapper gemacht und sich nicht nur ein paar neue Schuhe gegönnt. Doch leider muss sie deshalb heute sterben. Warum?

Antwort: Nein, Schatzi muss nicht sterben, weil sie die Kreditkarte überreizt hat und euer Konto fett im Minus hängt. Schatzi arbeitet tatsächlich als Assistentin bei einem Kleinkünstler. Er ist Messerwerfer. Die Schuhe, die Schatzi bei der Aufführung trägt, sind neu und haben einen höheren Absatz als die bisherigen. Die Berechnungen stimmen also nicht mehr. Tja, was soll man da noch sagen? Es ist eine blutige Angelegenheit. Und viele Menschen in der Arena bleiben traumatisiert zurück.

Tag 65: 10 Dinge, die ich an dir ganz okay finde

Schatzi lässt überall die Socken rumliegen? Schatzi überreizt die Kreditkarte? Schatzi macht so seltsame Geräusche beim Essen? Du siehst, es gibt eine Unmenge an Dinge, die wir an unserem Schatzi hassen. Abgrundtief hassen. So sehr hassen, dass es schon weh tut. Aber Hass steht dir nicht. Erstelle daher eine Liste mit zehn Dingen, die bei Schatzi doch ganz okay sind. Und immer, wenn du Schatzi hasst, rufe dir eines dieser zehn Dinge in deine Erinnerung. Und schon ist der Hass schon nicht mehr ganz so groß!

TAG 66: ICH TRÄUME MICH WEG

Dir ist mit Schatzi gerade alles zu viel? Dann nimm dir einen Moment nur für dich und träume dich an einen anderen Ort. Wie wäre es der folgende? Es ist warm. Die Sonne strahlt vom Himmel, der Himmel ist hellblau. Keine Wolke ist in Sicht. Du trägst lockere Kleidung und einen Blumenkranz im Haar. Stell dir vor, dass du einen Song aus den 70er hörst, aus der Flower-Power-Bewegung. Du beginnst zu laufen. Über eine Blumenwiese. Dein Gewand und deine Haare wehen im Wind. Vielleicht hüpfst du auch ein bisschen. Deine Arme schaukeln neben dir her. Mit jedem Schritt wird die Wut über Schatzi ein bisschen weniger...

TAG 67: 3,2,1 - STOPP

Stell dir vor, Schatzi erstarrt zu einer Statue. Am besten noch in einer komprimierenden Situation (zum Beispiel beim Toilettengang). Endlich ist Ruhe im Karton. Kein Schatzi, der dich nerven kann. Ist das nicht schön?

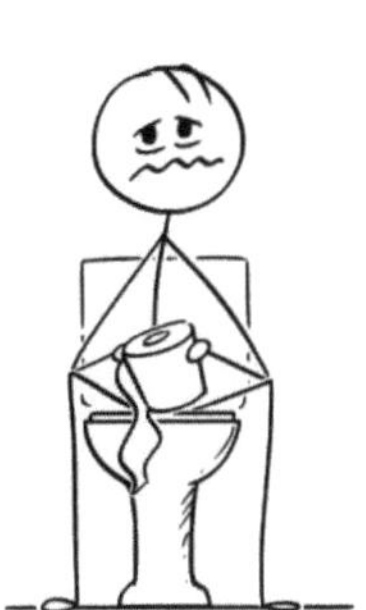

TAG 68: AB AUF DEN STUHL

Bevor du vor Wut über Schatzi an die Decke gehst, praktiziere die Yoga-Übung Stuhl-Flow. Folgendermaßen gehst du dabei vor:

Stelle dich aufrecht hin, deine Füße nah beieinander, so dass sie sich berühren.

Atme ein und strecke dabei deine Arme nach oben.

Atme aus und beuge die Knie, so als ob du dich auf einen imaginären Stuhl setzen möchtest. Na los, noch ein bisschen tiefer!

Halte diese Position für ganze drei Atemzüge. Brennt es schon?

Atme ein und strecke dabei die Beine, die Hände bringst du in Gebetshaltung vor dein Herz.

Stelle dich auf die Zehenspitzen und halte die Position ebenfalls für drei Atemzüge.

Atme aus und gehe wieder in die Stuhl-Haltung.

Wiederhole diese Yoga-Übung insgesamt zehnmal. Danach ist deine Wut Geschichte. Garantiert. Versprochen.

TAG 69: MUNDWINKEL HOCH, ABER PLÖTZLICH

Keine Ahnung, an welchem Tag es war. Aber als Gott die Erde erschuf, sagte er: „An jeder Ecke findet man den perfekten Mann." Und tja, dann machte er die Erde rund...

Tag 70: Abrakadabra

Heute bist du ein Zauberer, der mit nur einem Zauberspruch Schatzi verschwinden lassen kann. Überlege dir, wie der Zauberspruch aussieht und notiere ihn.

TAG 71: WIE TIEF NOCH MAL?

Du denkst gerade darüber nach, wie tief das Loch sein muss, dass du für Schatzi graben musst? Halt! Mord lohnt sich nicht. Fühle stattdessen lieber dieses Sudoku aus!

			2			7		
1				7		8	4	
					1		3	
	5		4					7
9			1	8		5		
					2	3	9	
			9					
4				1	3			
			7			8	9	2

TAG 72: WARUM DU AUF DEIN GEWICHT ACHTEN SOLLTEST...

Schatzi frustriert dich heute ganz besonders und du bist kurz davor, eine Tafel Schokolade zu vernichten? Halte inne. Warum? Horche folgenden unnützem Wissen: Dicke Menschen heiraten häufiger als dünne.

TAG 73: BABY-ALARM

Schatzi ist heute aufgewacht und kann nur noch in Klein-kindersprache sprechen. Hihi. Du beeumelst dich schon den ganzen lieben Tag darüber. Was könnte Schatzi in Kleinkindersprache versuchen zu erzählen?

Tag 74: Oh wie schön: Eine Seifenblase!

Du liebst Seifenblasen über alles. Also machst du welche, als du mit Schatzi unterwegs bist. Plötzlich stülpt sich eine Seifenblase über Schatzi und hebt Schatzi in die Höhe. Schatzi schwebt immer höher und höher. Schon bald kannst du Schatzi gar nicht mehr sehen. Wie schade. Male Schatzi in die Seifenblase...

TAG 75: ZITATE ZUM SCHMUNZELN

„Schatzi, könntest du bitte langsamer sprechen? Es ist so anstrengend für mich, dir geistig ständig hinterherzurennen."

TAG 76: GANZ SCHÖN GLATT

Es ist Winter. Draußen ist es bitterkalt. Du bist mit Schatzi unterwegs. Plötzlich siehst du nur noch, wie Schatzi mit den Armen wedelt und fett auf Glatteis ausrutscht. Ups. Dummerweise hat Schatzi sich beide Beine gebrochen und ist dir jetzt hilflos ausgeliefert. Überlege dir, was du auf Schatzis Gipsverband schreiben könntest.

TAG 77: VERDAMMT, WO IST MEIN AUTO?

Schatzi war gemein zu dir? Dann ist jetzt der richtige Zeitpunkt, um gemein zu Schatzi zu sein. Nimm dir unauffällig die Autoschlüssel von Schatzis Auto und parke es irgendwo anders ein. Stell dir dann vor, wie Schatzi am nächsten Tag aus dem Haus geht und verzweifelt nach dem Auto sucht. Der Schreck wird groß sein. Deine gute Laune aber auch.

Tag 78 Lauf, Schatzi lauf!

Wer soll heute von einer Wildsau über eine Wiese gejagt werden?

Antwort:

TAG 79 DER HECHELNDE HUND

Du ärgerst dich wieder einmal über Schatzi? Hör auf damit, durch Ärgern bekommst du nur Falten. Und die will keiner. Mach dir stattdessen deinen absoluten Lieblingssong an und singe mit. Aber nicht einfach so. Nein, lass die Zunge beim Singen raushängen. Ganz so wie ein hechelnder Hund.

TAG 80: AUS DEM WEG - ICH BIN EIN STAR!

Heute bist du ein Star. Ein Star, der sogar sein eigenes Drehbuch verfassen darf. Schreibe ein Drehbuch über eine Situation, die du mit Schatzi zusammen erlebst. Es könnte ein Horror-Film sein, wo Schatzi zum Zombie wird. Oder eine Komödie, in der Schatzi mit grünem Schleim überzogen wird. Lass deiner Fantasie freien Lauf!

TAG 81: SCHIMPFEN WIE EIN ALTER LATEINER

Schon die alten Lateiner wussten Schimpfwörter zu schätzen. Hier ein paar zur Auswahl, bediene dich ruhig!

Nequissimus – Versager

Bucco – Maulaffe

Homo non nauci – Null

Vetula – alte Schachtel

Belua - Scheusal

Tag 82: Hau den Schatzi

Heute spielen wir „Hau den Lukas" einmal anders. Wir spielen „Hau den Schatzi". Nimm den Hammer und haue dann den Schatzi so kräftig wie du kannst. Los, noch ein bisschen heftiger. Du willst doch schließlich, dass die Anzeige ganz nach oben schnellt und das Glöckchen bimmelt...

TAG 83: MIT TELLERN WIRFT MAN NICHT...

Du bist so wütend, dass du am liebsten Teller an die Wand werfen möchtest? Halt! Tu es nicht. Wäre doch schade um das schöne Geschirr. Nimm lieber dieses Buch, klappe es zu und wirf es einmal ganz kräftig auf den Boden. Du bist immer noch wütend? Dann wiederhole diese Aufgabe.

TAG 84: EINE TÜTE TRINKEN

Was ist entspannender als eine Tüte zu ääääääääääh trinken. Schatzi kann dir danach ganz entspannt am Popo vorbeirollen. Gemeint ist ein CBD-Blütentee. Dieser enthält Cannabidiol, welches aus der Hanfpflanze gewonnen wird, aber NICHT high macht. CBD-Blütentee wirkt beruhigend auf dein Nervensystem. Alles, was du für ein CBD-Blütentee brauchst, sind CBD-Blüten, Kokosöl und fetthaltige Sojamilch.

Zubereitung: Nimm einen Teelöffel von den CBD-Blütentee und übergieße die Blüten mit etwa 250ml kochendes Wasser. Tee zugedeckt etwa 15 Minuten ziehen lassen. Anschließend noch etwas Kokosöl und Sojamilch hinzugeben, beides erleichtert die Aufnahme von CBD in deinem Körper.

Würdest du Schatzis Seele an den Teufel verkaufen, wenn du dafür ein Sack voller 500 Euro Scheine bekommen würdest?

Antworten:
Ja.

Ich versteh die Frage nicht.

Wo muss ich unterschreiben?

Tag 86: Täglich grüßt das Murmeltier!

Schatzi hatte einen besonders schlechten Tag. Wie dumm, dass er diesen Tag jetzt ab sofort wieder und wieder erleben wird, weil er in einer Zeitschlaufe gefangen ist. Was soll Schatzi an seinem/ihrem schlimmsten Tag so alles zustoßen?

TAG 87: MUNDWINKEL HOCH, ABER PLÖTZLICH!

Warum sollten Frauen ab 40 nicht mehr verstecken spielen?

Antwort: Ist doch klar wie Kloßbrühe – keiner würde sie doch noch suchen!

TAG 88: HAAAAAAATSCHI

Schatzi ist heute in einem wirklich wichtigen Meeting. Es juckt in Schatzis Nase und Schatzi muss niesen. Haaaaaaaaaaaaaaaaatschi. Dabei verliert Schatzi ein wenig die Kontrolle über den Darm. Es entfährt Schatzi ein echt lauter Furz, vor versammelter Mannschaft. Wie peinlich. Hihi. Nach was könnte der Furz stinken?

TAG 89: WINKE, WINKE KATZE

Kennst du diese süßen asiatischen Glückskatzen, die mit den Armen winken? Glück hast du heute genug. Denn Schatzi kann dich mal. Wird Zeit, Schatzi noch einen entspannten Mittelfinger mitzugeben. Male der Glückskatze eine Stinkefinger-Hand.

Tag 90: In jedem steckt etwas Gutes

Mach dir bewusst: Auch in Schatzi steckt etwas Gutes. Und zwar in Form eines Dartpfeils. Nimm ein Foto von Schatzi und hänge es an die Wand und dann versuche mit Dartpfeilen die Augen zu treffen. Gar nicht so einfach, oder?

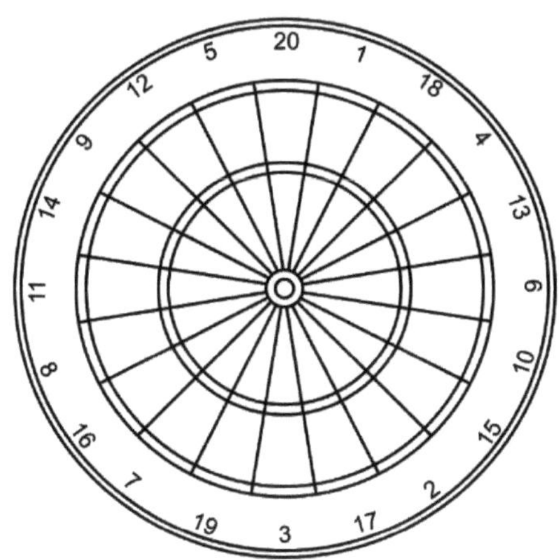

TAG 91: WO IST DENN DIE ZAHNPASTA HIN?

Heute ist ein guter Tag, um Schatzi einen Streich zu spielen. Präpariere eine Türklinke mit etwas Zahnpasta. Natürlich so, dass Schatzi den Spaß nicht sofort durchschaut. Freue dich, dass du dich gleich vor Lachen kringeln wirst, während Schatzi hingegen ziemlich dumm aus der Wäsche schauen wird.

TAG 92: ZITATE ZUM SCHMUNZELN

„Du redest und redest und redest. Und ich denke mir nur, wie schaffst du es, damit so viel Nichts zu erzählen?"

TAG 93: WAS IST DENN MIT DIR PASSIERT?

Schatzi ist heute früh aufgewacht, mit verfaulten Zähnen. Sie kamen ganz plötzlich. Über Nacht. Wie sieht es in Schatzis Mund aus?

Tag 94: Gefangen im schlechten Film

Schatzi ist morgens aufgewacht und plötzlich in einem wirklich schlechten Film gefangen. Wie könnte dieser Film aussehen? Ist es vielleicht ein Horrorfilm und Schatzi muss ums Überleben kämpfen? Überlege dir gut, was du Schatzi antust und schreibe ein paar Stichworte dazu auf.

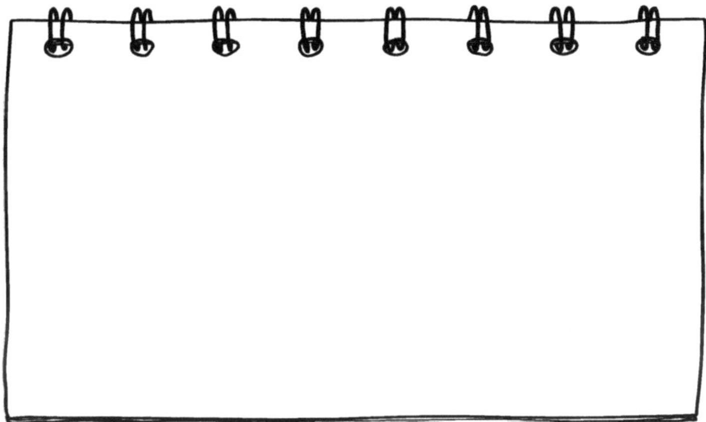

TAG 95: FLOWER-POWER

Nein, nein, nein. Du regst dich heute nicht über Schatzi auf. Nein, nein, nein. Ärger steht dir nicht. Male stattdessen ein paar Blumen auf diese Seite.

TAG 96: MINI COOPER FÜR 500 EURO ABZUGEBEN!

Du verkaufst Schatzis heißgeliebten Mini-Cooper. Zum Festpreis von 500 Euro. Warum tust du das?

Lösung: Schatzi ist in seinem Mini Cooper erstochen worden. Ja, ganz vielleicht hattest du etwas damit zu tun. Das würdest du aber natürlich nie zugeben. Egal. Es gab auf jeden Fall eine große Schweinerei im Auto. Überall Blut. Du hast das Blut kaum mehr aus dem Auto bekommen, weswegen du es jetzt bei Ebay zum Schleuderpreis verscherbelst.

TAG 97: TORTEN-ALARM

Uuuuuiii, es gibt Torte. Lecker. Trotzdem verspürst du den Drang, diese Torte Schatzi ins Gesicht zu pfeffern. Tu es nicht! Es wäre doch schade um die Torte. Male, um dich abzureagieren, dieses Mandala aus!

TAG 98: ACHTUNG, HIER KOMMT EIN BUCH

Wer soll heute in der Buchhandlung unter einem Haufen Bücher begraben werden?

Antwort:

Tag 99: Ausweis bitte!

Dein Kopf ist wieder voller Ärger über Schatzi? Mach ein bisschen Platz und lenke dich mit etwas unnützem Wissen ab. Hier kommt es: In China gibt es eine Altersgrenze fürs Heiraten. Männer dürfen erst mit 22 Jahren vor dem Altar treten.

TAG 100: WAS IST DENN MIT DEINEM HINTERN PASSIERT?

Du gehst mit Schatzi in den Zoo. Ihr kommt am Elefantengehege vorbei und dann passiert es: Plötzlich wird Schatzis Popöchen immer breiter und breiter. Schatzi bekommt einen richtigen Elefantenhintern. Male Schatzi den passenden Elefantenhintern.

TAG 101: EINEN BIRNEN-SMOOTHIE BITTE!

Schatzi stresst dich wieder sehr? Dann kannst du dem Stress entgegenwirken, indem du dir einen leckeren Birnen-Smoothie mixt. Dieser Smoothie steckt voller Vitamine und Mineralstoffe, die emsig gegen Stresshormone wie Cortisol kämpfen. So kann dir Schatzi ganz gepflegt am Arsch vorbei gehen.

Das brauchst du für deinen Smoothie:
1 Birne, reif
2 EL Haferflocken
200 ml Pfefferminztee
Etwas Honig

So bereitest du den Smoothie zu:
Zuerst schneidest du die Birne in kleine Stücke und gibst sie in einen Mixer. Dann den Pfefferminztee und die Haferflocken hinzugeben und alles für ein paar Sekunden mixen. Wenn du magst, kannst du den Smoothie noch etwas mit Honig süßen.
Trinken diesen Smoothie immer dann, wenn dir Schatzi sehr auf den Keks geht.

TAG 102: GEDANKEN KREISEN LASSEN

Deine Gedanken kreisen wieder nur um Schatzi? Dann lenke dich ein bisschen ab, indem du ein paar Kreise auf diese Seite malst.

TAG 103: MUNDWINKEL HOCH, ABER PLÖTZLICH

Was ist eine Frau, die keinen Mann hat? Richtig, ledig! Was ist eine Frau, die einen Mann hat? Erledigt!

Tag 104: Oh, eine Katze!

Oh wie süüüüüüüüüüüüß. Ein Kätzchen. Da kann man doch einfach gar nicht mehr sauer auf Schatzi sein, oder? Male das Kätzchen aus und denke dabei an alles, nur nicht an Schatzi!

TAG 105: HARTE FAKTEN ÜBER BEZIE-HUNGEN - TEIL 1

Du willst harte Fakten über Beziehungen? Du bekommst harte Fakten über Beziehungen! Hier sind sie:

1. Paare leben länger und sind gesünder als Singles.

2. Verliebte Paare haben eine höhere Schmerztoleranz als Singles.

3. Kuscheln macht glücklich, da damit die Stresshormone bekämpft werden.

4. Menschen, die sich in einer Beziehung befinden, schlafen insgesamt besser als Singles.

5. Paare, die in ihrer Beziehung Spaß haben, bauen damit eine starke Beziehung auf.

Du siehst, es ist nicht alles schlecht in einer Beziehung 😉

TAG 106: SCHNEEWITTCHEN – NEU ERZÄHLT

Stell dir vor, du hast den magischen Spiegel aus dem Märchen Schneewittchen zu Hause. Du stellst dich vor diesen Spiegel und sprichst: „Spieglein, Spieglein an der Wand. Wer ist der hässlichste Gonzo im ganzen Land?" Überlege, was der Spiegel antworten könnte. Und male den Gonzo (Schatzi) in den Spiegel.

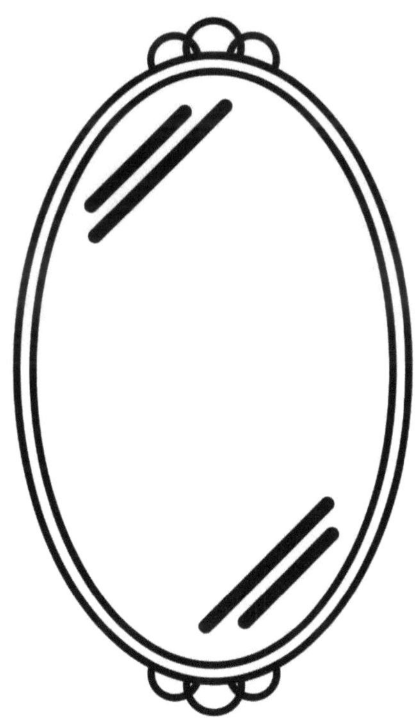

TAG 107: SCHATZI? WIE GEHT´S DIR?

Jetzt ist genug. Schatzi ist heute fällig. Bestimmt kennst du einen Song, den Schatzi so überhaupt nicht leiden kann. So ganz und gar nicht. Pech für Schatzi, heute wirst du diesen Song immer dann abspielen, wenn Schatzi etwas zu dir sagen will. Das wird Schatzi verrückt machen und dich glücklich. Versprochen!

Tag 108: Mundwinkel hoch, aber plötzlich!

Wie nennt man einen Mann, der in Salzsäure aufgelöst wurde? Richtig, ein gelöstes Problem!

TAG 109: AB IN DIE WÜSTE

In der Sahara, als mitten in der Wüste, liegt eine tote Frau. Sie ist komplett nackt, neben ihr liegt nur eine Münze. Warum?

Lösung: Die Frau war mit ihrem Partner in einem Heißluftballon unterwegs. Als sie über der Sahara flogen, fiel ihnen auf, dass das Helium langsam knapp wurde. Sie drohten beide abzustürzen. Zuerst versuchten sie, so viel Ballast wie nur möglich, abzuwerfen. Unter anderem auch ihre Kleidung. Aber das half leider nichts. Also musste einer dran glauben. Sie knobelten anhand eines Münzwurfes, wer über Bord springen sollte. Die Frau verlor, also war sie fällig.

TAG 110: ZITATE ZUM SCHMUNZELN

„Schatzi, kannst du bitte aufhören zu atmen? Du verbrauchst doch so meinen Sauerstoff."

TAG 111: OOOOOOOOOOOOOOOH, EIN REGENBOGEN

Du wünschst dir ein ganz kleines bisschen, dass Schatzi Bekanntschaft mit der Regenbogenbrücke macht? Stopp. Backe dir lieber leckere Regenbogen-Muffins und lenke dich ein bisschen damit ab.

Das brauchst du für 12 Muffins:
Teig:
150 g Butter, weich
200 g Zucker
3 Eier
1 Päckchen Vanillezucker
300 g Mehl
1 TL Backpulver
125 ml Milch
Lebensmittelfarbe in verschiedenen Farben
Frosting:
200 g Frischkäse
120 g Puderzucker
Zuckerperlen zum Verzieren

So bereitest du die Muffins zu:

Heize den Backofen auf 180 Grad Ober- und Unterhitze vor.
Gib 12 Muffin-Papierförmchen in ein Muffinblech.
Dann rührst du die Butter mit dem Zucker, bis es schäumt.
Ist es soweit, gibst du die Eier hinzu und rührst weiter fleißig
um. Na los, ein bisschen schaffst du noch.
Mische in einer weiteren Schüssel das Mehl und Backpulver
und gib beides nach und nach zu der Buttermasse. Ab und
an die Milch runterrühren.
Verteile den Teig auf einige Schüsseln und färbe den Teig
mit den Lebensmittelfarben ein. Gib von jeder Farbe etwas
in die Muffinformen. Schieb die Muffins anschließend in
den Backofen und lasse sie dort für etwa 25 Minuten. Raus-
holen und abkühlen lassen.
Dann ist das Frosting an der Reihe: Mixe den Frischkäse mit
dem Puderzucker und verteile das Frosting auf die abge-
kühlten Muffins. Zum Schluss nur noch mit den Zuckerperlen dekorieren. Fertig sind die kleinen Scheißerchen.
Sehen sie nicht zum Reinbeißen aus?

TAG 112: SCHIMPFEN WIE DIE POLEN!

Schatzi den lieben langen Tag beleidigen, ohne dass Schatzi
weiß, dass es Schimpfwörter sind? Das geht mit polnischen
Schimpfwörtern. Hier eine kleine Auswahl, aus der du
schöpfen kannst:
Spierdalaj: Verpiss dich!
Glupek: Trottel
Gupi barran: Dummes Schaf
Chuj ci w dupe: Leck mich am Arsch
Dupa Wolowa: Faulpelz

Tag 113: Eine kleine Schildkröte

Siehst du diese kleine Schildkröte? Diese kleine Schildkröte ist für dich da, wenn Schatzi dich mal wieder arg geärgert hat und du eine kleine Ablenkung brauchst.

TAG 114: SCHICKE SCHUHE, SCHATZI

Wer soll heute Siebenmeilenstiefel tragen und laufen und laufen und laufen und laufen... Ganz weit weg?

Antwort:

TAG 115: ZITATE ZUM SCHMUNZELN

„Klar sind deine Geheimnisse bei mir sicher, Schatzi. Ich höre dir doch ohnehin nicht zu!"

Tag 116: Was ist denn das?

Heute ist ein guter Tag, um Schatzi zur Weißglut zu bringen. Schatzi kann morgens nicht ohne Kaffee? Was dazu nicht fehlen darf, ist Milch? Färbe die Milch mit grüner Lebensmittelfarbe und lach über das Gesicht, das Schatzi macht, wenn Schatzi die Milch in den Kaffee schüttet...

TAG 117: ICH KNÜLLE DICH ZUSAMMEN!

Schatzi stresst dich? Dann versuche doch einmal folgendes: Knülle ein Blatt Papier zusammen, wenn du magst, kannst du auch diese Seite nehmen. Lege das Knäuel in deine Hand und knülle es mit der Faust zusammen. Press die Hände ein paar Sekunden zur Faust und dann entspanne die Faust. Dann wieder fest zur Faust pressen, nach ein paar Sekunden wieder entspannen. Wiederhole die Prozedur so lange, bis du merkst, dass du dich etwas entspannst.

TAG 118: MUNDWINKEL HOCH, ABER PLÖTZLICH

Sitzen zwei Frauen in einem Café. Die eine Frau beschwert sich über ihren Ehemann. Da sagt die zweite: „Ach, ich denke, in jedem Mann steckt etwas Gutes." Fragt die eine Frau erstaunt: „Wirklich? Was denn?". Antwortet die zweite Frau: „Na, zum Beispiel eine Axt."

TAG 119: ICH VERSTEH NUR KARTOFFEL?

Lenke dich heute mit ein bisschen unnützem Wissen von Schatzi ab. Das hilft bestimmt. Hier kommt es: Inka Frauen mussten beweisen, dass sie eine gute Ehefrau sind, indem sie eine Kartoffel schälten...

Tag 120: Kalte Dusche gefällig?

Na, wer soll heute nur noch kaltes Wasser unter der Dusche haben?

Antwort:

TAG 121: EINE KREUZFAHRT, DIE IST LUSTIG

Schatzi und du, ihr seid auf Kreuzfahrt. Wie du schon geahnt hast, ist es eine echte Herausforderung, mit Schatzi zusammen im Urlaub zu sein. Du betest jeden Abend, dass das Leiden bald ein Ende hat. Und deine Gebete werden erhört. Piraten kapern euer Schiff und da Schatzi sich nicht benehmen kann, muss er über die Planke gehen. Muss man erwähnen, dass unter der Planke dutzende von Haifischflossen zu sehen sind?

TAG 122: EINE GANZ FAULE ANGELEGENHEIT

Irgendetwas ist faul an Schatzi? Dann male dem Apfel faule Stellen und stelle dir vor, es wäre Schatzi, der/die immer mehr und mehr verfault.

TAG 123: IST DAS ETWA EIN LÖWE?

Bevor du dir vorstellst, dass Schatzi und du in Afrika seid, wo er/sie leider einem Löwen zum Opfer wird, male schnell dieses Mandala aus.

Tag 124: Es wird romantisch

Du brauchst dringend etwas, was dich ganz schnell wieder runterholt? Dann zünde dir eine Kerze an und setze dich entspannt davor. Schließe für einen Moment die Augen und atme tief ein und aus. Öffne die Augen und schaue auf die Flammen. Konzentriere dich vollkommen auf diese Flamme. Merkst du, dass du dich etwas entspannst?

TAG 125: DU OLLE MUMIE!

Du wünschst dir sehnlichst, Schatzi würde zur Mumie mutieren? Nimm dir eine Rolle Klopapier und wickele Schatzi darin ein. Wunsch erfüllt!

TAG 126: REDEST DU NOCH?

Schatzi hat die Angewohnheit, dir die Ohren blutig zu reden? Das bringt dich (fast) um den Verstand? Versuche folgendes: Lade Schatzi ein, sich mit dir zu unterhalten. Begrenze diese Zeit auf eine halbe Stunde, indem du direkt am Anfang mitteilst, dass du leider nicht länger Zeit hast, weil du zum Beispiel noch etwas im Haushalt zu tun hast. Und dann nutzt du dieses Gespräch, um gute Laune zu haben? Wie? Indem du dem Gespräch mit humoristischem Interesse begegnest. Danach wird Schatzis Gelaber nicht mehr nerven!

TAG 127: SO EINE UNVERSCHÄMTHEIT!

Schatzi hat dir eine Unverschämtheit an den Kopf geworfen? Du bist kurz davor, an die Decke zu gehen? Entspann dich, nimm diese Unverschämtheit nicht an und erwidere nur ein paar Wörter:

Danke, aber nein.

Tag 128: In jedem steckt etwas Gutes!

Das ist Schatzi. Auch in Schatzi steckt mit Sicherheit etwas Gutes. Zum Beispiel ein Messer. Überlege dir, was Gutes in Schatzi stecken könnte und zeichne es der Abbildung hinzu.

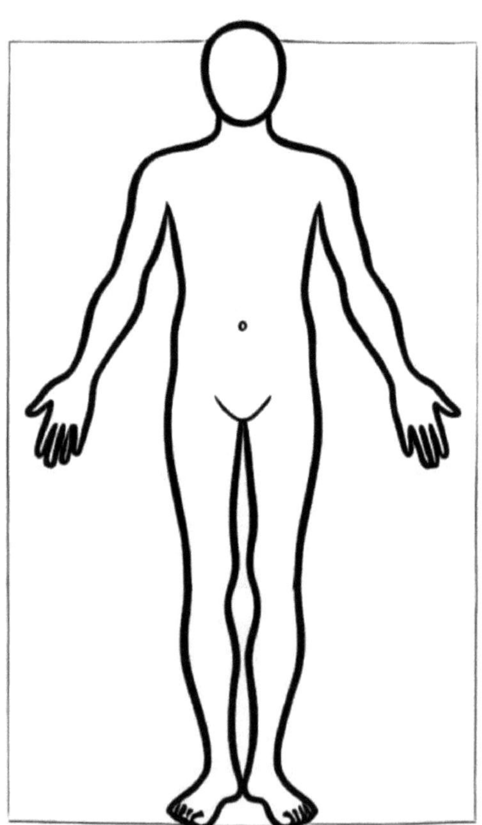

TAG 129: PUSTE, PUSTE PUSTEBLUME

Oooooooh, eine Pusteblume. Stell dir vor, du pflückst sie vom Feld und pustest gegen sie, so dass ihre Samen vom Winde verweht werden. Stelle dir vor, ein Samen wäre Schatzi. Schatzi, der jetzt ganz weit weg fliegt. Ganz weit weg. Noch weiter weg. Noch viel weiter weg.

TAG 130: EIN BISSCHEN GLÜCK GEFÄLLIG?

Ein bisschen Glück kann man immer gebrauchen. Vor allem, wenn man es mit Schatzi aushalten muss. Deshalb habe ich keine Kosten und Mühen gespart, um dir ein Glücksschwein-chen zu organisieren. Hier ist es. Male es aus.

TAG 131: DIE GUTE ALTE PUMMELFEE

Du sitzt nichtsahnend auf deinem Sofa. Allein. Plötzlich erscheint aus dem Nichts eine kleine pummelige Fee vor dir. Sie erklärt dir, dass du drei Wünsche frei hast. Drei Wünsche, die du weise wählen sollst. Welche Wünsche wären es?

TAG 132: LEUCHTE HELL SCHATZI

Wer ist nicht gerade die hellste Leuchte?

Antwort:

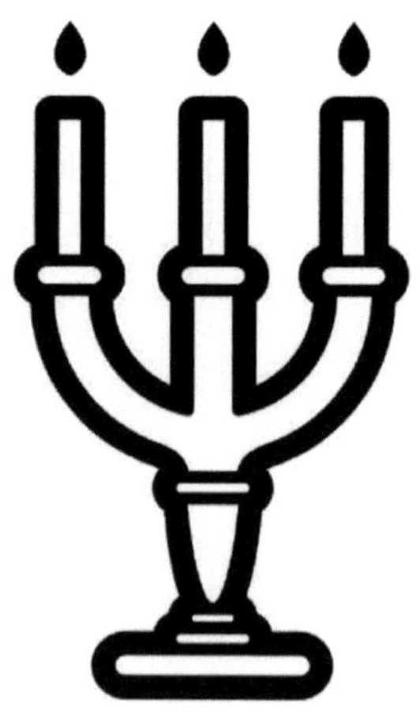

Tag 133: Ich Königl Königin. Du Nichts.

Hier eine Krone für dich. Die hast du dir verdient, weil du es schon so lange mit Schatzi aushältst. Bitte sehr!

TAG 134: DAS HAST DU DIR VERDIENT

Schatzi hat einen Pokal gewonnen. Und zwar für das dämlichste Verhalten, das Schatzi jemals an den Tag gelegt hat. Was war das für eine Sache? Male den Pokal aus, dann schneide ihn aus und überreiche ihn feierlich an Schatzi. Schatzi wird große Augen machen!

TAG 135:
DER LÖWE UND DAS MEER

Schatzi regt dich nur noch auf? Dann absolviere folgende Yoga-Übung, um dich ein klein wenig weniger über Schatzi aufzuregen.

So gehst du vor:

1. Setze dich gerade auf einen Stuhl, die Handinnenflächen liegen auf den Knien. Das Kinn ist ganz leicht Richtung Brust gebeugt.
2. Lächle wie ein Löwe, indem du die Lippen hochziehst und Zähne zeigst. Atme durch den offenen Mund ein und aus. Atme auf diese Art und Weise für ein paar Minuten.
3. Anschließend hebst du die Arme und streckst sie wie ein V nach oben, Ellbogen sind durchgedrückt. Schließe deine Augen und stell dir vor, du wärst kurz davor, um ins Meer zu springen. Aber wirklich nur kurz davor.
4. Bleib in der Haltung, aber stelle dir vor, wie du nun ins Wasser springst.
5. Stell dir nun vor, dass du immer tiefer und tiefer eintauchst. Dabei bewegst du deine Hände Richtung Boden. Bis sie irgendwann den Boden berühren.
6. Atme ein und entspanne dabei den Körper. Stell dir vor, er würde an der Oberfläche treiben.
7. Atme aus und stelle dir vor, du würdest die Wasseroberfläche durchbrechen.

TAG 136: ROBOTER-TANZ

Schatzi ist zum Roboter mutiert. Warum, weißt du auch nicht. Ist ja auch egal. Stell dir vor, wie Schatzi einen Roboter-Tanz aufführt. Wie könnte die Choreografie aussehen?

Tag 137: Der Teufel soll dich holen!

Du möchtest Schatzi am liebsten zum Teufel jagen? Bevor du etwas tust, was du bereuen könntest, löse lieber dieses Sudoku.

	3							
	5			9	2		7	
8			4					
				3		4		
	6		8				5	
	9	3	2	7				6
		6	9	5		8		
7			6		4			

TAG 138: ACH WÄRE ICH DOCH...

Manchmal träumst du davon, wieder Single zu sein? Ganz ehrlich? So ganz ohne Schatzi möchtest du auch nicht. Löse also lieber das Wörterrätsel, bevor du noch einen bösen Fehler machst. 5 Wörter sind in diesem Rätsel versteckt.

Puzzle #2

```
X I X B A U R C T S D X V E M Q
G V B H Q M D L Y O H P G T X C
R A N K I K M Q A J J U A S A V
W A A F V H Q B H U G X A A O R
Q X T K D S Z X E Z D G W E R Z
H G T B O V Y U J V I K L D M L
E T C O V W T R E Z U G U T I T
M Z C I U P T L T L N T J I A B
M R I U Z N N A G I Z P L N V I
E W I E L H H B S J R R N Z J F
X V D W G C Q V G K K I V S K G
T L I N S E A S B D A Y F I M R
W X O Q Q T V U A K P T D V Y S
C Q T N N P N J T X N Q Q V S D
E R S S F M C G G Q G F E Q O M
D P V I C K V R Y K T F X T U E
```

IDIOT	PAAR
SCHATZI	SINGLE
ZIEGE	

TAG 139: AB IN DEN ZIRKUS!

Schatzi und du, ihr seid heute im Zirkus. Clowns suchen einen Freiwilligen, den sie mit ihrer Kanonenkugel durch den Zirkus schießen können. Schatzi meldet sich, steigt in die Kanone und wird weggeschossen. Doch die Kanonenkugel fliegt weiter als angedacht. Sie durchbricht die Zirkuskuppel und fliegt weg. Schatzi siehst du leider nie wieder. Naja, gibt schlimmeres.

Tag 140: Ich glaub, mich knutscht ein Elch

Wie süß. Ein Elch. Ein waschechter Elch. Heute darfst du vollkommen ungestraft, dein Herz verschenken und auch ein bisschen fremdknutschen. Male den Elch aus.

TAG 141: DER SCHLAG SOLL DICH TREFFEN!

Wie heißt es so schön? Kleine Schläge auf den Hinterkopf erhöhen das Denkvermögen? Manchmal möchtest du Schatzi ja schon gerne etwas mitgeben. Mit was könntest du Schatzi auf den Kopf hauen? Natürlich nur sanft. Du willst ja schließlich nichts in den Bau gehen. Zeichne das Werkzeug auf diese Seite.

TAG 142: OH, EIN LUFTBALLON!

Kennst du diese sagenhaften Künstler, die aus Luftballons ganze Kunstwerke kreieren? Stell dir vor, dass einer dieser Künstler Schatzi geformt hätte, aus ganz vielen verschiedenen Luftballons. Und jetzt nimmst du eine Nadel und stichst durch jeden einzelnen Luftballon. Mit jedem Luftballon, der platzt, verschwindet Schatzi ein bisschen mehr...

TAG 143: DER SHOPPING AUSFLUG

Du warst shoppen. Wem soll der Schlag treffen, nachdem er/sie den Kontostand auf dem Konto entdeckt hat?

Antwort:

Tag 144: Du bist vergeben?

Es ist Zeit, für ein bisschen unnützem Wissen, um sich von Schatzi abzulenken. Achtung, hier kommt es: Laut einer amerikanischen Studie sind Frauen eher an Männer interessiert, die vergeben sind.

TAG 145: SCHATZI, WO BIST DU?

Was ist denn mit Schatzi passiert? Schatzi ist über Nacht geschrumpft. Schatzi ist nur einer Lupe zu sehen. Dumm nur, dass die Sonne auf die Lupe trifft und Schatzi... verbrennt. Zeichne Schatzi verbrannt unter die Lupe.

TAG 146: EINE UNENDLICHE GESCHICHTE

Du liest gerade in einem Buch, als Schatzi dich stört. Du wünschtest dir, Schatzi würde verschwinden. Und tatsächlich wird Schatzi in das Buch, das du gerade liest, hineingezogen. Welches Buch soll das sein?

Antwort:

TAG 147: DER ZACKEN AUS DER KRONE

Du findest ja, Schatzi würde kein Zacken aus der Krone fallen, wenn Schatzi auch mal Dies und Das tun würde. Da Schatzi sich aber weigert, fällt Schatzi ein Zacken aus der Krone. Zeichne diesen Zacken.

Tag 148: Piek mich nicht an, ey!

Manchmal möchtest du Schatzi einmal so richtig, richtig weh tun? Heute ist dein Glückstag! Das hier ist Schatzi. Pieke Schatzi so oft wie du willst mit einer spitzen, mit einer sehr spitzen Nadel.

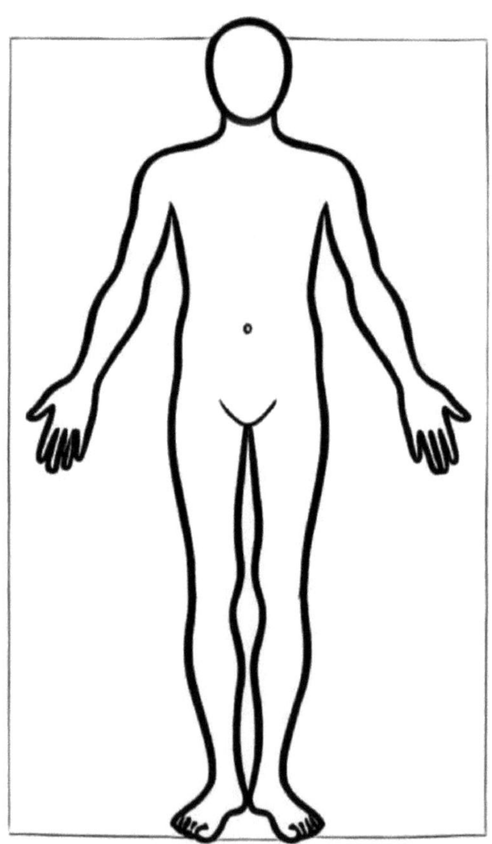

TAG 149: ES LÄUFT

Du wünschtest dich manchmal ganz weit weg? Bevor du jetzt läufst und läufst und läufst und vor lauter Laufen blutige Blasen an den Füßen bekommst, male dieses Mandala aus.

TAG 150: HARTE FAKTEN ÜBER BEZIEHUNGEN – TEIL 2

Du willst mehr harte Fakten über Beziehungen? Hier kommen sie:

1. Laut einer Umfrage haben 50 Prozent aller Paare in ihrer Beziehung die Pausetaste gedrückt.
2. Die meisten Paare finden sich im sozialen Umfeld, zum Beispiel im Freundeskreis oder auf der Arbeit.
3. Vertrauen ist für Paare die wichtigste Grundlage in einer Beziehung.
4. Der Großteil der Paare bevorzugt es, monogam zu leben.
5. Eine Beziehung, die glücklich ist, pusht das Selbstbewusstsein.

TAG 151: ZITATE ZUM SCHMUNZELN

„Schatzi, ich habe dich doch nicht beleidigt. Ich habe dich lediglich beschrieben!"

Tag 152: Was ist denn mit Mausi los?

Dein Schatzi liebt es, am PC zu sitzen? Du machst es Schatzi gleich viel schwerer, wenn du dich um die Maus kümmerst. Da hast du gleich mehrere Möglichkeiten. Du kannst den Laser abkleben, um zu verhindern, dass die Bewegung am PC angezeigt wird. Du kannst die Maus auch mit doppelseitigem Klebeband am Tisch festkleben. Oder wenn es eine kabelgebundene Maus ist, die Schnur mit Klebeband verkürzen, damit Schatzi die Bedienung schwerer fällt.

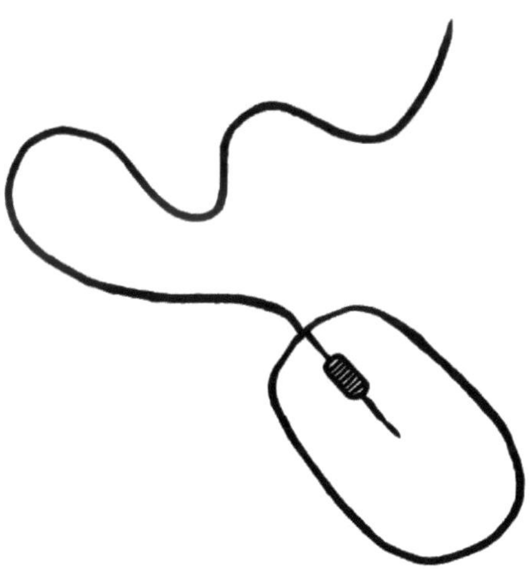

TAG 153: MUND-WINKEL HOCH, ABER PLÖTZLICH

Wann ist ein Mann genau einen Euro wert?

Antwort: Wenn er einen Einkaufs-wagen durch den Supermarkt schiebt.

TAG 154: WO BIN ICH?

Wer soll heute im Wald komplett die Orientierung ver-lieren?

Antwort:

TAG 155: MAN REICHE MIR MEINE KRONE!

Du hast echt eine Krone verdient, schließlich hältst du es mit Schatzi aus. Dir will keiner eine Krone überreichen? Kein Problem! Back dir eine.

Das brauchst du für 12 Cupcakes:
Für den Teig
250 g Mehl
2 TL Backpulver
200 g Zucker
Prise Salz
3 Eier
120 ml Öl
100 g Sahne
Rote Lebensmittelfarbe

Für das Frosting:
200 g Schlagsahne
250 g Frischkäse
50 g Puderzucker
2 Packungen Sahnesteif

Für die Krone:
Rosa Fondant
Zuckerperlen
Speisestärke

So backst du die Krönchen-Cupcakes
Lege ein Muffinblech mit 12 Papierförmchen aus und heize deinen Backofen auf 180 Grad Ober- und Unterhitze auf. Mische das Mehl mit dem Backpulver und dem Zucker. Anschließend Öl, Eier und Sahne hinzugeben und mit

einem Rührgerät vermixen. Die rote Lebensmittelfarbe darunter mischen und dann ab in die Förmchen mit dem Teig. Lass die Cupcakes für etwa 25 Minuten im Backofen und lasse sie danach auskühlen.

In der Zwischenzeit kannst du dich um deine Krone kümmern. Rolle den Fondant so aus, dass er noch ungefähr 3mm dick ist. Schneide dann eine Krone aus. Diese sollte etwa 5 cm lang sein und 4 Zacken haben. Bepudere ein mini Glas mit etwas Speisestärke und lege die Krone darüber. So bekommt sie eine kleine Biegung und kann außerdem trocknen.

Für das Frosting schlägst du die Sahne mit einer Packung Sahnesteif steif. Mixe in einer anderen Schüssel Frischkäse, Puderzucker und die zweite Packung Sahnesteif und hebe dann die Sahne drunter. Das Frosting anschließend für eine halbe Stunde in den Kühlschrank stellen. Dann in einen Spritzbeutel füllen und auf die Muffins verteilen.

Krönchen draufsetzen. Wenn du magst, kannst du die Krone noch mit Zuckerperlen verzieren. Diese klebst du mit etwas Zuckerschrift fest. Ein paar Zuckerperlen haben auch auf dem Frosting Platz. Und schon kann deine Krönung beginnen...

Tag 156: Schlamm catchen gefällig?

Es gibt viele gute Gründe, Schatzi zum Schlammcatchen zu schicken. Was hat Schatzi heute getan, was dich richtig auf die Palme gebracht hat?

Antwort:

TAG 157: NAMEN-ABC

Schatzi hat mit Sicherheit einen Vornamen, nicht wahr? Suche für jeden Buchstaben von Schatzis Vornamen ein Schimpfwort. Schreibe die Schimpfwörter auf diese Seite.

TAG 158: BOHR DOCH MAL

Es gibt Tage, da möchtest du Schatzi am liebsten mit irgendetwas durchbohren? Nimm dir einen Bleistift oder einen Kugelschreiber und durchbohre mehrfach diese Seite. Stell die dabei vor, es wäre Schatzi.

TAG 159: HAST DU DA NICHT WAS VERGESSEN?

Begrüße doch Schatzi, wenn Schatzi nach Hause kommt, mit folgender Frage: Schatzi, warst du auf Kreuzfahrt? Wenn Schatzi dann verwundert verneint, wovon man ausgehen kann, mach Schatzi eines klar: Schatzi, du hast vergessen, den Rettungsring abzulegen!

Male Schatzis Rettungsringe.

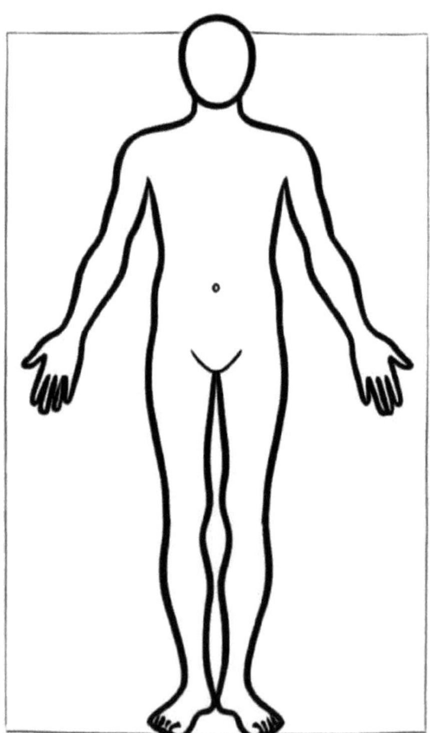

Tag 160: Fallen lassen

Heute ärgerst du dich nicht über Schatzi. Lass Schatzi fallen wie eine heiße Kartoffel! Stell dir vor, wie diese Kartoffel aussehen könnte und zeichne sie auf diese Seite.

TAG 161: TAL AUS TRÄNEN

Bevor du wegen Schatzi in einem Tal aus Tränen versinkst, fülle dieses Sudoku aus. Und denk daran, weinen bringt nur Falten. Und das ist kein Schatzi dieser Welt wert.

	4			2	3			
		8	9	4			1	
			7					
5		2	8			9		
							3	
				1	2		5	
	1			3				9
		5	4		9		8	
			5					7

TAG 162: MUNDWINKEL HOCH, ABER PLÖTZLICH

Wie kann eine Frau einen intelligenten Satz anfangen? Mit: Mein Mann, der hat gesagt...

TAG 163: SCHATZ, GEHT'S DIR GUT?

Schatzi liebt es, in die Sauna zu gehen. So auch heute. Leider, leider liegt Schatzi plötzlich tot auf dem Boden der Sauna. Neben Schatzi nur eine eingetrocknete Wasserpfütze. Was ist bloß passiert?

Lösung: Schatzi hat die Sauna besucht. Jemand durchbohrt Schatzis Herz mit einem spitzen Eiszapfen, wirft diesen auf den Boden und verschwindet. Als Schatzi gefunden wird, ist der Eiszapfen längst eingetrocknet. Die Tatwaffe hat sich also aufgelöst. Der Täter kann nie gefasst werden. Das perfekte Verbrechen.

TAG 164: DU HAST DEN BLICK

Du bist aufgewacht und hast eine Superkraft. Du kannst mit einem Blick Menschen zur Eisstatue erstarren lassen. Da dir Schatzi heute sehr auf die Nerven geht, ist er/sie dein Testobjekt.

Tag 165: Du Lama du

Es gibt Tage, da möchtest du Schatzi am liebsten einmal herzhaft ins Gesicht spucken? Tue es nicht. Ist doch eklig. Male lieber dieses süße kleine Lama aus.

TAG 166: SCHATZI, IST DIR WARM?

Wer soll heute auf heißen Kohlen laufen?

Antwort:

TAG 167: GUTE MIENE ZUM BÖSEN SPIEL

Du bist eigentlich viel zu gut für Schatzi. Siehst immer nur das Gute in ihm/ihr? Male den Smiley aus und freue dich darüber, dass du gute Miene zum bösen Spiel machst. Hass steht dir einfach nicht.

TAG 168: 3 DINGE, DIE ICH AN DIR HASSE

An manchen Tagen glaubst du, dass Schatzi ein pechschwarzes Herz hat. Male dieses Herz aus und schreibe drei Dinge dazu, die du an Schatzi wirklich, wirklich aus tiefstem Herzen hasst.

Tag 169: Zitate zum Schmunzeln

„Schatzi, ich mache keine Fehler. Ich date sie."

TAG 170: MUNDWINKEL HOCH, ABER PLÖTZLICH

Wie kann man einen Mann mit nur drei kleinen Worten verunsichern? Frage ihn folgendes: Ist er drin?

TAG 171: NEIN, ICH MAG NICHT

Du denkst den ganzen Tag nur an Schatzi? Allerdings sind es keine wirklich schönen Gedanken? STOPP! Lenke dich mit etwas unnützem Wissen ab. Kennst du die Gamaphobie? Nein? Das ist die krankhafte Abneigung mit einem Partner vor den Traualtar zu schreiten.

TAG 172: ICH BIN SO HEISS

Ja, du bist heiß. Du bist echt heiß. Lass dir von Schatzi nichts anderes einreden. Zeichne die Lava, die aus dem Vulkan strömt und mache dir dabei immer wieder bewusst, wie heiß du bist.

TAG 173: PLATT WIE EINE FLUNDER

Schatzi ist der Meinung, dass er/sie es jederzeit mit einem Sumo-Ringer aufnehmen kann. Also steigt er/sie in den Ring. Doch der Kampf ist schnell zu ende. Der Sumoringer schmeißt sich auf Schatzi, Schatzi ist nur noch platt wie eine Flunder. Zeichne Schatzi im Flunder-Zustand.

Tag 174: Böse, böse

Wer muss heute mit der bösen Schwiegermutter telefonieren? Und zwar in Endlosschleife?

Antwort:

TAG 175: ICH DENKE POSITIV

Nein, nein heute bist du kein Pessimist. Du denkst positiv. Denke an drei Möglichkeiten, wie du Schatzi um die Ecke bringen kannst. Sei dabei besonders fantasievoll. Notiere diese drei Wege.

TAG 176: ERST EINMAL ABWARTEN

Du spielst mit den Gedanken, Schatzi zum Mond zu schießen? Machst dir schon Gedanken über Konstruktionspläne für Raketen? Das wird doch viel zu teuer. Bevor du zu viel Moneten in ein fragwürdiges Unterfangen steckst, trinke lieber einen Salbeitee. Der beruhigt dich und holt dich ein bisschen wieder auf den Boden der Tatsachen. Brühe unbedingt den echten Lavendel auf, der enthält die besten Inhaltsstoffe. Das Wasser, mit dem du die Lavendelblüten übergießt, sollte nicht heißer als 80 Grad sein. Wenn du dein Teewasser aufkochst, dann lasse es einfach ein paar Minuten abkühlen, bis es 80 Grad erreicht hat. 2 Teelöffel Lavendelblüten mit 500ml Wasser übergießen und 3 Minuten ziehen lassen. Danach nach Belieben süßen.

TAG 177: DER DETOX TAG 

Schatzi nervt dich den ganzen Tag mit dummen Nachrichten? Du könntest dich den lieben langen Tag nur wie ein Giftzwerg aufregen? Heute entgiftest du. Wie das geht? Du schaltest ganz bewusst dein Handy aus und legst es für einen vorher festgelegten Zeitraum zur Seite. Aus den Augen, aus den Sinn. Du wirst sehen, dass es dir guttun wird, nicht am Handy zu scrollen und Giftpfeile in Schatzis Richtung zu schießen.

TAG 178: SCHIMPFEN WIE OMMA

Schon unsere Großeltern wussten, wie man schimpft. Heute schimpfst du einmal wie Omma, wenn du dich wieder über Schatzi aufregst.

Hier kommen sie:

Gewitterziege – Damit ist eine böse, streitlustige Frau gemeint

Ekelpaket – Wenn du Schatzi so nennst, meinst du nicht nur, dass Schatzi ein Ekel ist. Nein, Schatzi ist gleich ein ganzes Paket.

Lackaffe – Schatzi kann noch so gestriegelt daherkommen, er/sie bleibt trotzdem ein Affe.

Lump – Dieses Wort leitet sich vom Wort Lumpen ab. Mit anderen Worten, der letzte Dreck an Textilien.

Schlawiner – Schatzi überschreitet Grenzen? Dann ist es an der Zeit, Schatzi mit diesem Schimpfwort auf den Boden der Tatsachen zurückzubringen.

Tag 179: Immer nur am meckern

Schatzi motzt den ganzen Tag nur rum? Lass die Meckerei an dir abperlen und male stattdessen diese süße Ziege aus.

TAG 180: HMMMMMM, SCHOKOLADE

Schatzi hängt an Eiern? Dann schenke Schatzi doch einmal ein ganz besonderes Schokoladen-Ei. Wie du das machst? Koche ein Ei, so dass es hartgekocht ist. Dann überziehe es mit Schokolade. Diese hast du vorher im Wasserbad schmelzen lassen. Jetzt kannst du deinem Schatzi feierlich das Ei überreichen und es als Schokoladen-Ei mit Vanillefüllung ausgeben. Hi, hi. Das wird ein Spaß. Für dich. Nicht für Schatzi.

TAG 181: KAFFEE, ICH WILL KAFFEE!

Du bist aufgewacht und Schatzi geht dir schon tierisch auf die Nerven? Und das, obwohl du noch nicht einmal eine Tasse Kaffee hattest. Und sind wir mal ehrlich? Ohne Kaffee bist du kein Mensch!!! Lass Schatzi links liegen, nimm dir eine Tasse Kaffee und fülle dieses Sudoku aus.

3	6				9			8
		4		3			2	7
7			4			6	9	
			8	6				
	1			2				
4			9					2
6				2		1	7	
8				1				

TAG 182: ZECKENALARM?

Wer ist eine ganz fiese Zecke?

Antwort:

Tag 183: Ich wandere aus

Schatzi regt dich auf? Dann schließe für einen Moment die Augen und denke daran, wo du jetzt gerne wärst. Wohin würdest du auswandern? Auf eine einsame Insel? Auf den höchsten Berg der Welt?

TAG 184: LEICHT WIE EINE FEDER

Stell dir vor, Schatzi wäre leicht wie eine Feder. Als ein Windstoß kommt, wird Schatzi weggepustet. Ganz weit weg. So weit, dass Schatzi mit Sicherheit nicht mehr nach Hause findet. Male eine Feder, während du dir das vorstellst. Mit einem Lächeln im Gesicht.

TAG 185: ZITATE ZUM SCHMUNZELN

„Schade, dass deine Eltern das Kondom noch nicht kannten, als sie dich gezeugt haben."

TAG 186: IMMER POSITIV BLEIBEN!

Du bist am Abend mit Mordgedanken ins Bett gegangen und morgens mit Mordgedanken aufgewacht? Tu es nicht. Es gibt andere Wege, mit deinem Gegenstück umzugehen. Kreiere eine Affirmation, also eine positive Aussage, die du so oft hier auf diese Seite schreibst, bist du sie verinnerlicht hat. Möglich wäre folgende Aussage: Heute ist ein viel zu schöner Tag um meine bessere Hälfte um die Ecke zu bringen!

Tag 187: Ich ballere dich weg!

Knüll diese Seite zusammen und dann kicke das Papierknäuel wild durch die Gegend. Stelle dir dabei vor, das Knäuel wäre deine bessere Hälfte.

TAG 188: ES DREHT UND DREHT SICH...

Wer soll heute „aus Versehen" in der Waschmaschine landen. In der Waschmaschine, die du auf Baumwolle 90 Grad eingestellt hast und die sich jetzt dreht und dreht? Male Schatzis erstauntes Gesicht, wie er/sie aus der Waschmaschinentrommel guckt.

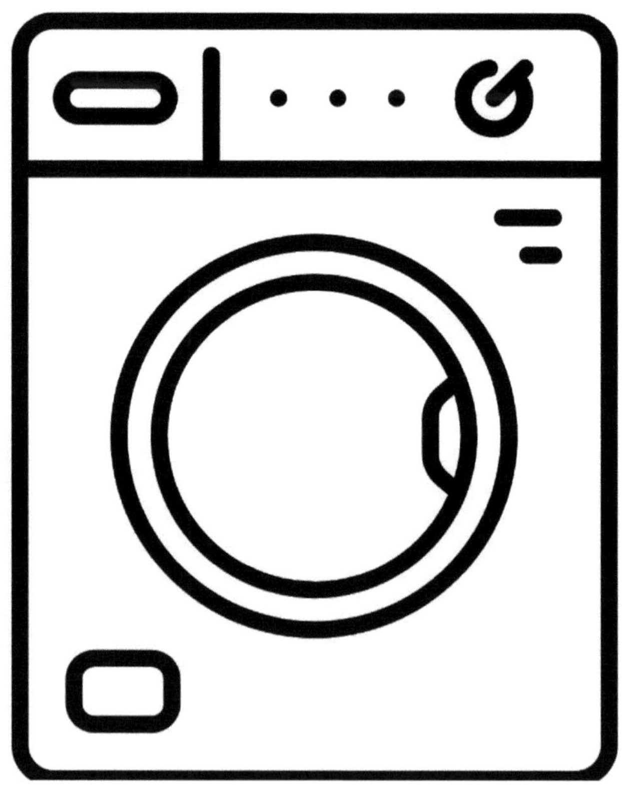

TAG 189: DU STINKST!

Leider, leider ist die Dusche von deiner besseren Hälfte kaputt. Dumm, dass Schatzi jetzt nicht duschen kann. Und dass, obwohl deine bessere Hälfte gerade Sport getrieben hat, es draußen 40 Grad im Schatten sind und auch der Knoblauch von gestern aus allen Poren kommt. Nach was könnte dein Gegenstück noch müffeln? Zeichne diese Dinge auf diese Seite.

TAG 190: SCHATZI? WIR MÜSSEN REDEN!

Willst du deinem Gegenstück einen richtigen Schrecken einjagen? Dann gehe auf Schatzi zu und sage mit ernstem Gesicht: Schatzi, wir müssen reden! Wenn deine bessere Hälfte dann erschrocken fragt, was denn los ist, versuche das Gespräch künstlich in die Länge zu ziehen. Sage Sachen wie: „Ich weiß gar nicht, wie ich dir das jetzt sagen soll. Ich habe wirklich, wirklich lange überlegt, ob ich dir das überhaupt sagen soll." Am besten überlegst du dir schon im Vorfeld, was für schwammige Phrasen du deinem Gegenstück an dem Kopf werfen kannst. Wenn Schatzi kurz davor ist, die Contenance zu verlieren, fragt du scheinheilig: „Würdest du mich eigentlich auch lieb haben, wenn ich ein Ameisenbär wäre?"

Tag 191: Ich bin so müüüüüüüüüüüde!

Du bist nur noch müde? Kein Wunder, sich über deine bessere Hälfte aufzuregen, kostet auch viel Energie. Woher also neue Energie nehmen? Ganz klar! Mach dir einen Smoothie. Dieser Smoothie ist rot wie Blut. Wessen Blut das nur sein könnte? Hihi (scheinheilig guck)

Das gehört in den Mixer:

50 g Himbeeren
50 g Blaubeeren
50 g Johannisbeeren
100 ml Kokosmilch
1 Becher Joghurt
Honig zum Süßen

Gib alles in den Mixer und mixe alles, bis es eine homogene Masse geworden ist. Wenn du kein frisches Obst vor Ort findest, kannst du auch welches aus dem Tiefkühler nehmen. Auch TK-Obst steckt noch voller wertvoller Vitamine!

TAG 192: ZITATE ZUM SCHMUNZELN

„Ich bin hier und du bist dort. Also sind wir beide am richtigen Ort!"

TAG 193: MUNDWINKEL HOCH, ABER PLÖTZLICH!

Kennst du Schach? Die Dame darf sich auf dem Schachbrett bewegen, wie sie möchte. Warum ist das so? Ganz klar: Das Schachbrett sieht ja so aus wie ein Küchenfußboden!

TAG 194: DU KAMEL, DU!

Deine bessere Hälfte kann ein ganz schönes Kamel sein? Sei selbst eines, indem du folgende Yoga-Übung ausführst. Mit dieser Übung lockerst du deine emotionalen Blockaden und entspannst dich. Ideal, wenn man es wie du oft mit Schatzi zu tun hat!

So führst du diese Übung aus:

1. Setz dich in den Fersensitz, am besten auf eine Yogamatte oder eine andere weiche Unterlage. Wechsel jetzt in die aufrechte Yoga-Haltung: Kniee dich aufrecht hin, die Beine sind dabei etwa hüftbreit auseinander,

die Fußrücken zeigen zum Boden, dein Oberkörper ist gestreckt. Drücke die Schultern so nach hinten, so dass sich dein Brustkorb weitet und du freier atmen kannst. Schaue dabei an die Wand. Sammle Energie, indem du ein paar tiefe Atemzüge machst.

2. Spanne nun deine Oberschenkelmuskulatur an und hebe den Beckenboden an. Die Hände liegen dabei entspannt auf der Rückseite deiner Hüfte, Fingerspitzen zeigen nach unten.

3. Jetzt wird es tricky, sei nicht grantelig, wenn es nicht sofort klappt: Lehne dich langsam zurück, mit jedem Atemzug geht es tiefer und tiefer.

4. Atme ein und lege deine Hände auf deine Fersen. Jetzt bist du ein Kamel. Spüre hier für ein Moment ganz bewusst, wie sich dein Herz und deine Lungen dehnen. Wenn du magst, kannst du auch die Augen dabei schließen.

5. Wenn es dir reicht, dann ziehe dich wieder in den Knie-stand zurück, aber nicht mit einem Ruck, sondern schön langsam. Wirbel für Wirbel.

TAG 195: HUIII, EIN FLASCHENGEIST

Dein Gegenstück und du, ihr öffnet entspannt eine Flasche Wein. Aber was ist das? In der Flasche wohnt ein Flaschen-geist, der dir den Wunsch erfüllt, deine bessere Hälfte, wann immer du möchtest, in ein Tier zu verwandeln. Welches Tier soll es sein? Zeichne es auf diese Seite!

Tag 196: Ich Lama, du doof!

Manchmal möchtest du deiner besseren Hälfte gerne ins Gesicht rotzen? Kein Problem, hier kannst du es und das ganz ohne lästige Konsequenzen. Male Schatzis Gesicht aus und dann spucke deiner besseren Hälfte beherzt ins Gesicht. Bitte sehr. Gern geschehen!

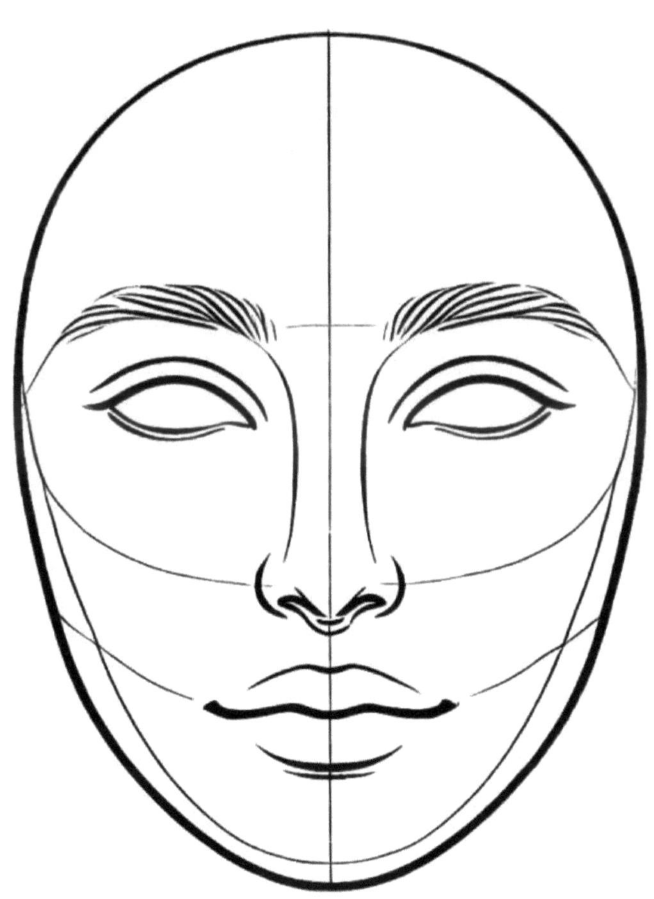

TAG 197: ROTE KARTE!

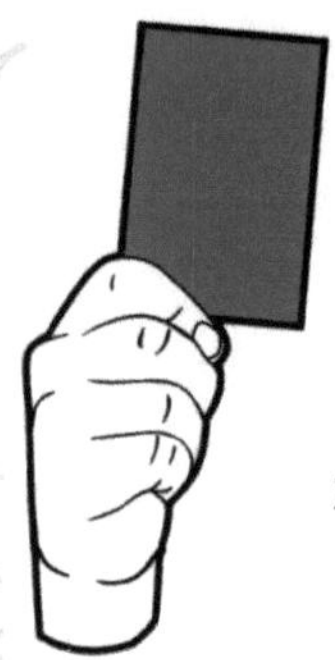

Deine bessere Hälfte liebt Fußball? Dann wird Schatzi auch diese Mitmachaufgabe gut verstehen. Male die Karte rot an und schneide sie aus. Wenn dein Gegenstück es dann mal wieder vollends übertreibt, zeig ihm/ihr die rote Karte und zeige dadurch: Es reicht!

TAG 198: WAHRHEIT ODER PFLICHT?

Deine bessere Hälfte und du legt gemeinsam gelangweilt auf der Couch? Keine Ahnung, was ihr heute spielen könnt? Spielt doch eine Runde Wahrheit oder Pflicht! Hier kommen ein paar Aufgaben, die du Schatzi stellen könntest:

1. Rufe deine Eltern an und sage ihnen, dass wir morgen nach Las Vegas fliegen, um dort ganz spontan zu heiraten.
2. Mache für mich einen Striptease.
3. Trage für zwei Stunden die Kleidung, die ich gerade trage.
4. Schicke deiner besten Freundin/deinem besten Kumpel ein Selfie in einer wirklich peinlichen Pose.
5. Lass mich dich schminken.

TAG 199: DAS IST DOCH SCHÖN GEWORDEN...

Du möchtest dein Gegenstück für die Ewigkeit festhalten? Und zwar in voller Schönheit? Dann zeichne deine bessere Hälfte. Damit es besonders schön wird, nimmst du dafür deine nicht dominante Hand.

Tag 200: Box dich frei

Grrrrrrr. Deine bessere Hälfte hat dich wieder bis zum äußersten gereizt, du würdest nur noch gerne zuschlagen? Tu es nicht. Gewalt ist keine Lösung! Nimm stattdessen dein Kopfkissen und schlage mit beiden Fäusten darauf ein.

TAG 201: DU BIST WUNDERBAR!

Du hast mit Sicherheit ein Foto von deinem Gegenstück auf deinem Handy, oder? Suche dir ein besonders schönes aus und dann öffnest du das Bildbearbeitungsprogramm. Verschönere Schatzi so gut wie du nur kannst und dann nimmst du dieses Bild als Profilbild für seinen/ihren Kontakt auf deinem Handy.

TAG 202: WAS GLOTZT DU SO?

Morgens. Der Wecker klingelt. Deine bessere Hälfte öffnet die Augen und sieht... Nichts. Zeichne deinem Schatzi eine schicke Brille ins Gesicht und vergiss nicht die großen Glubschaugen, die aus den Brillengläsern durchglotzen.

TAG 203: IRGENDWO IM NIRGENDWO

Du wünschst dir dein Gegenstück irgendwo ins Nirgendwo? Doch ganz ehrlich, über wen würdest du dich dann lustig machen können? Genau, überdenke noch einmal deinen Wunsch und male dieses Mandala aus.

Tag 204: Anti-Schatzi-Spray

Du willst ein Anti-Schatzi-Spray? Du bekommst ein Anti-Schatzi-Spray! Hier ist es:

Du brauchst dafür:
1 leere Sprühflasche mit etwa 100ml Fassungsvermögen
30 ml Wodka (40 % Vol.)
70 ml abgekochtes Wasser/oder destilliertes Wasser
8 Tropfen ätherisches Öl

Diese ätherischen Öle eignen sich besonders gut:
Lavendel – wirkt ausgleichend, baut Spannungen ab
Fichtennadeln – tut deinen Nerven gut
Zeder – wirkt ausgleichend auf dich
Grapefruit – macht gute Laune
Bergamotte – wirkt entspannend auf dich
Rose – zaubert dir ein Lächeln ins Gesicht
Veilchen – entspannt dich

So bereitest du dein Anti-Schatzi-Spray zu:
Wähle aus der Liste der ätherischen Öle deine Favoriten. Fülle den Alkohol und das Wasser in die Sprühflasche und gib deine gewählten ätherischen Öle hinzu. Dann kurz schütteln und das Spray ist einsatzbereit.
Tag 205: Hat da jemand Blumen gesagt?
Deine bessere Hälfte wünscht sich Blumen? Kann sie haben. Hier ist ein Veilchen...

TAG 205: HAT DA JEMAND BLUMEN GESAGT?

Deine bessere Hälfte wünscht sich Blumen?
Kann sie haben. Hier ist ein Veilchen...

TAG 206: MUND-WINKEL HOCH, ABER PLÖTZLICH

Was haben Männer mit Bananen gemeinsam? Je älter sie werden, desto matschiger werden beide.

TAG 207: BOAH, BIST DU ALT

Du regst dich schon seit Stunden über dein Gegenstück auf? Komm mal wieder runter. Füttere dein Gehirn lieber mit unnützem Wissen. Wusstest du, dass der Mann bei einer Heirat im Durchschnitt 2-3 Jahre älter ist als die Frau? Nein? Jetzt schon! Bitte sehr. Gern geschehen.

TAG 208: SCHATZI? MACHST DU BITTE DAS LICHT AUS?

Deine bessere Hälfte ist hundemüde und macht alle Lichter aus. Am nächsten Tag kommt die Polizei und holt ihn ab. Du siehst ihn nie wieder, weil er lebenslang bekommt. Warum?

Lösung: Du wohnst mit deinem Gegenstück in einem Leuchtturm. Dein Schatzi ist Leuchtturmwächter. An dem Tag hat er vergessen, die Lichter vom Leuchtturm einzuschalten. Seinetwegen müssen mehrere Leute ihr Leben lassen. Das bleibt natürlich nicht ungestraft.

Tag 209: Zurück in die Vergangenheit

Du hast eine Zeitmaschine gefunden. Deine bessere Hälfte darf sie als erstes testen. Wo soll Schatzi hin und warum?

TAG 210: HAI! WO?

Dein Gegenstück labert und labert. Stelle dir vor, deine bessere Hälfte wäre ein Fisch. Ein Fisch, der dich mit großen Augen anglotzt und dessen Mund immer wieder auf und zu geht. Male diesen Fisch aus.

TAG 211: NACHFOLGER GESUCHT!

Der Weihnachtsmann sucht einen Nachfolger. Auch Frauen dürfen sich gerne bewerben. Der Emanzipation sei Dank. Egal, ob Frau oder Mann, natürlich darf der Bart nicht fehlen. Male deinem Gegenstück einen langen, weißen Rauschebart, damit er/sie sich schon einmal auf den neuen Job einstellen kann.

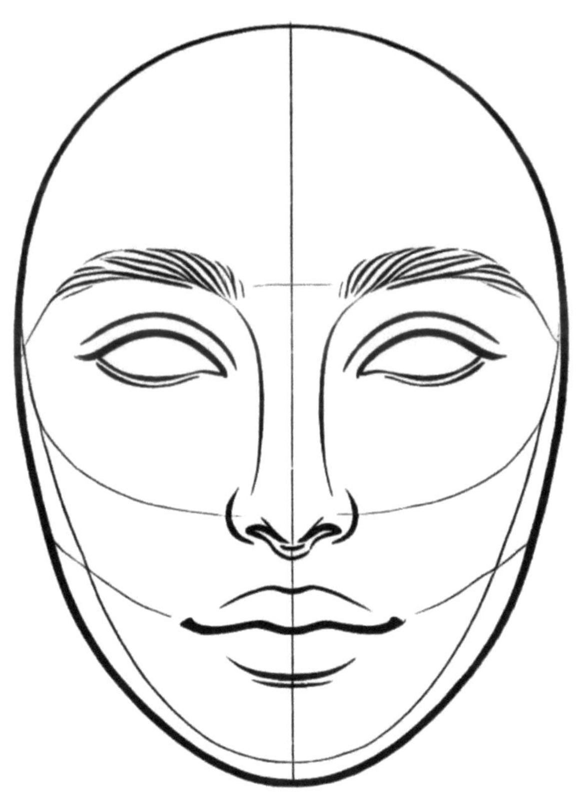

TAG 212: WO IST DIE FLIEGENKLATSCHE?

Schatzi sitzt mit dir am Frühstückstisch. Plötzlich macht es Puff und deine bessere Hälfte wird zu einer Fliege. Eine Fliege, die dir durch ihr Summen tierisch auf die Nerven geht. Sie landet auf dieser Seite und du nimmst die Fliegenklatsche und... haust zu! Wenn du keine Fliegenklatsche zur Hand hast, kannst du auch eine alte Zeitschrift nehmen oder deine Kaffeetasse oder was auch immer du hast.

Tag 213: Was soll ich nur machen?

Du suchst schon im Internet nach verschiedenen Beerdigungsstilen? Schwankst zwischen Friedwald und Seebestattung für dein Gegenstück? Übereile nichts, fülle stattdessen lieber dieses Sudoku aus!

9		1						
			8	4	7			
6		4			5			7
				2		6		
2	5	7	6		1			
4								
5	6							
	9		4		8	1		2
				7	9			

TAG 214: JEDER VON UNS BRAUCHT...

Uuiiiiii, ein Lama. Wie süüüüüüüüüüüß! Jeder von uns braucht manchmal ein bisschen Lama. Als Ausgleich zu Schatzi. Male dieses Lama aus und lass dich nicht ärgern!

TAG 215: DU BIST NICHT PERFEKT!

Fast jeder von uns hat Makel. Auch dein Gegenstück. Zeichne eine Karikatur deiner besseren Hälfte und betone die Makel. Dein Schatzi muss ja nicht wissen, dass es eigentlich diese Makel sind, die du so sehr liebst.

TAG 216: SCHIMPFEN WIE DIE FRANZOSEN!

Ach, wie wäre das schön. Dein Gegenstück so beschimpfen, dass sie/er es überhaupt nicht mitbekommt. Nutze die folgenden Schimpfwörter. Die klingen auf Französisch sogar noch wunderschön und dass, obwohl sie es faustdick hinter den Ohren haben.

Tete de con – Arschgesicht
Glandu – dämlicher Nichtsnutz
Salaud – Mistkerl
Minable – Niete
Con - Vollidiot

TAG 217: HAST DU ZU LANGE IN DER SONNE GELEGEN?

Oje, Schatzi hat wohl zu lange in der Sonne gebrutzelt. Er/ sie ist ganz verkohlt. Wie könnte deine bessere Hälfte jetzt wohl aussehen?

Tag 218: Zitate zum Schmunzeln

„Ich habe nur Blödsinn in meinem Kopf. Und zwar dich!"

TAG 219: LASS DICH FEIERN!

Herzlichen Glückwunsch! Du hältst es jetzt schon sehr lange mit deiner besseren Hälfte aus. Es wird Zeit, dich zu feiern. Denn ganz ehrlich? Leicht ist diese Aufgabe mit Sicherheit nicht. Schmettere ganz laut: Ich bin ein Champion und hebe beide Arme in die Luft. Wiederhole diese Aktion mehrmals. Du hast es verdient. Male den Pokal aus, schneide ihn aus und beschrifte ihn mit deiner größten Leistung.

TAG 220: WAAAA-AAAAAAAAAAAAAAAAAAAAAAAAAAAHNSINN!

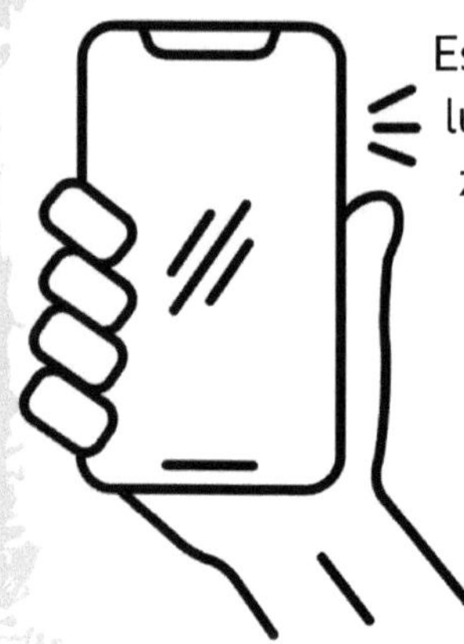

Es wird Zeit, sich zu rächen und zur Abwechslung deine bessere Hälfte in den Wahnsinn zu treiben. Wie du das machst? Wenn dein Schatzi unterwegs ist und dir schreibt, antwortest du nur mit GIFs. Und zwar ausschließlich. Nicht EIN Wort tippst du in dein Handy! Lehn dich zurück und genieße es, wie Schatzi immer genervter und gereizter wird.

TAG 221: GEH DOCH BITTE INS LICHT!

Du wünschst dir, dass Schatzi durch einen dunklen Tunnel ins Licht geht? Dann zerreiße diese Seite und knülle sie zusammen. Baue aus diesem Mitmachbuch einen Tunnel und tritt das Papierknäuel (also Schatzi) durch den dunklen Tunnel ins Licht. Bitte sehr: Wunsch erfüllt!

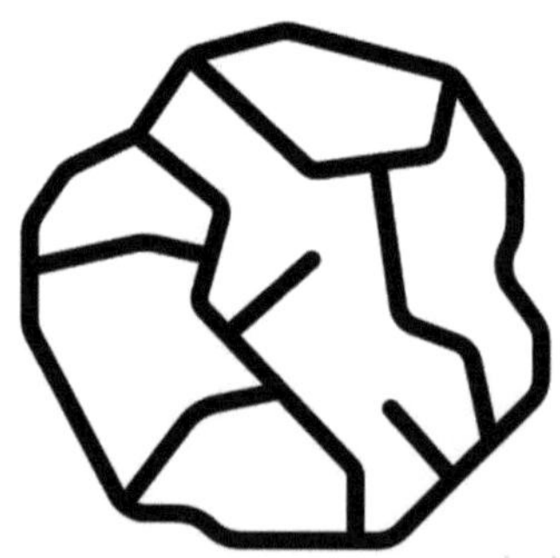

TAG 222: ICH BRAUCHE DRIN-GEND EINE BELOHNUNG!

Es gibt doch mit Sicherheit ein paar Dinge, die du dir wünschst. Das kann ein leckeres Steak sein oder eine wohltuende Massage. Du entscheidest mit was du dich belohnen möchtest. Denn eine Belohnung hast du verdient. Warum? Du verbringst viel Zeit mit deiner besseren Hälfte!

Schreibe dir drei Dinge auf, die du dir aus tiefstem Herzen wünschst. Und dann erfülle dir in den nächsten Tagen einen dieser Wünsche!

TAG 223: KREATIVITÄT GESUCHT!

Heute darfst du kreativ sein. Kreiere eigene Schimpfwörter. Schreibe deine liebsten Schimpfwörter auf, du Bärpups, du Dödelbacke, du Toilettenpapst.

Tag 224: Was für ein schöner Tag!

Der Wetterbericht sagt schönstes Wetter voraus. Schatzi ist nur leichtbekleidet unterwegs. Doch plötzlich regnet es. Und nicht nur ein bisschen. Es regnet wie aus Kübeln. Deine bessere Hälfte wird nass bis auf die Knochen und sieht aus wie ein nasser Pudel. Auf den Wetterbericht ist echt kein Verlass. So ein Pech. Für Schatzi. Zeichne den Regen auf diese Seite.

TAG 225: KOMM, WIR BASTELN!

Schatzi kann immer noch nicht deine Stimmung lesen? Dann bastele deinem Gegenstück ein Gefühlsbarometer, das ihm/ihr direkt anzeigt, in welcher Stimmung du bist.

Du brauchst dafür:

Feste, farbige Pappe
Fotos von den verschiedenen Gefühlen
Musterbeutelklammer
Schere und Kleber

So bastelst du das Gefühlsbarometer:

Zunächst einmal stellst du verschiedene Gefühle mimisch dar und fotografierst diese. Die Fotos druckst du anschließend aus. Jetzt schneidest du aus der farbigen Pappe eine runde Scheibe aus und einen Zeiger. Klebe die Fotos auf den Rand der Scheibe. Schneide mit der Schere ein kleines Loch in die Mitte der Scheibe und befestige den Zeiger mit der Musterbeutelklammer. Jetzt kannst du deinem Gegenstück immer sofort verdeutlichen, in welcher Stimmung du gerade bist.

TAG 226: ACH, TÄUBCHEN

Das hier ist dein Täubchen. Aber es ist nicht irgendeine profane Taube. Nein, es ist eine Brieftaube. Und deren Aufgabe ist es, einen Brief gaaaaaaaaaaaaaaaaaaaaaanz weit weg zu transportieren. Sie wird lange, sehr lange unterwegs sein. Ach, wie schade. Nicht.

TAG 227: DU BIST DRAN!

Jetzt bist DU dran. Suche im Internet nach zehn ausländischen Schimpfwörtern und notiere sie hier, für den Ernstfall, auf dieser Seite. Beleidigen ohne Konsequenzen, das ist doch das Größte!

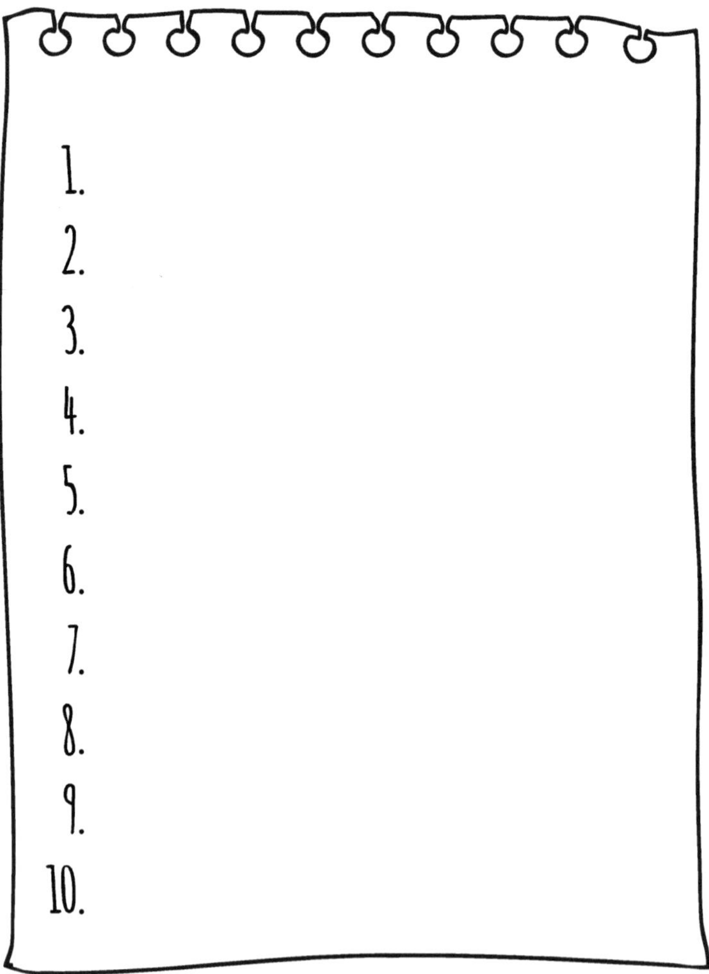

Tag 228: Kühe, überall Kühe

Wer ist heute auf dem Land unterwegs und soll in einen fetten Kuhfladen fallen?

Antwort:

TAG 229: HAHAHA!

Schreibe auf diese Seite einen fiesen Spruch, reiße die Seite aus und klebe sie mit Hilfe von Klebeband auf dem Rücken von deinem Gegenstück fest. Natürlich so, dass Schatzi es nicht mitbekommt. Hahaha!

TAG 230: ICH PFLANZ MIR EINEN SCHATZI!

Einen Schatzi ganz nach deinem Geschmack? Dazu musst du nur den richtigen Samen aussäen. Hier siehst du einen Blumentopf, zeichne deine bessere Hälfte als Pflanze ein, ganz so wie du dir Schatzi wünschst.

TAG 231: NUR SÜSSES IM KOPF!

Dein Gegenstück treibt dich zur Weißglut? Schnell, denk an etwas Süßes. An Zuckerwatte zum Beispiel. Zeichne hier Zuckerwatte auf und male sie anschließend aus.

Tag 232: Ups, was war denn das?

Du bist mit deinem Gegenstück spazieren. Plötzlich knallt Schatzi auf den Boden. Ups, da muss wohl etwas auf dem Boden gelegen haben. Was das wohl war? Zeichne auf, über was deine bessere Hälfte da gestolpert ist.

TAG 233: EIN GUTER TAG, UM GLÜCKLICH ZU SEIN!

Du „sollst" doch bitte noch daran denken, den Müll rauszubringen? Du „sollst" nachher unbedingt noch die Schwiegereltern anrufen? Du „sollst" doch bitte lieber etwas anderes anziehen? Mal ehrlich? Manchmal „sollst" du einfach zu viel. Du wirst definitiv glücklicher durch die Gegend laufen, wenn du das „sollen" aus deinem Wortschatz streichst. Du sollst gar nichts. Punkt! Verbanne für einen Tag, das Wort „sollen" aus deinem Alltag!

TAG 234: SCHNELL WEG!

Schatzi ruft an. Du musst schnell weg. Aber das ist gar nicht so einfach. Wo kommt denn bitte jetzt das Labyrinth so schnell her? Versuche so schnell wie möglich, den Ausgang nach draußen zu finden!

TAG 235: DER WASCHBÄR IN DIR!

Du putzt die Küche. Du putzt das Bad. Du staubsaugst durch die Wohnung. Du räumst den Geschirrspüler aus. Manchmal fühlst du dich wie eine gottverdammte Putze. Und Schatzi? Zieht sich mal wieder fein aus der Verantwortung. Stopp! Höre auf, dich wie eine Putze zu fühlen. Fühle dich wie ein Waschbär. Die sind süß. Male den Waschbären aus und fühl dich süß dabei. Und dann, dann zwingst du dein Gegenstück zu seinem/ihrem Glück. Das schaffst du!

Tag 236: Hast du die Haare schön?

Dein Gegenstück ist heute früh aufgewacht und hatte die Haare schön. Nicht. Denn leider, leider sind Schatzi ein paar Haare ausgefallen. Zeichne Schatzi die Haare ein, die ihm/ihr noch geblieben sind.

TAG 237: DAS HAST DU ABER FEIN GEMACHT!

Heute stellst du dir vor, deine bessere Hälfte wäre ein Hund. Ein kleiner, süßer Hund. Rede mit deinem Schatzi den ganzen Tag so, wie du mit einem Hund reden würdest. Inklusive: „Du bist aber ein feiner Wuffi. Das hast du fein gemacht!"

TAG 238: PASS BLOSS AUF!

Oh, oh. Schatzi begibt sich heute auf ganz dünnes Eis. Ganz, ganz dünnes Eis. Denn du bist.. Ja, was bist du heute eigentlich? Zeichne einen Smiley, der deine Laune heute ausdrückt und zeige ihn deiner besseren Hälfte. Damit er/sie gleich Bescheid weiß. Besser ist. Du kannst sonst für nichts garantieren!

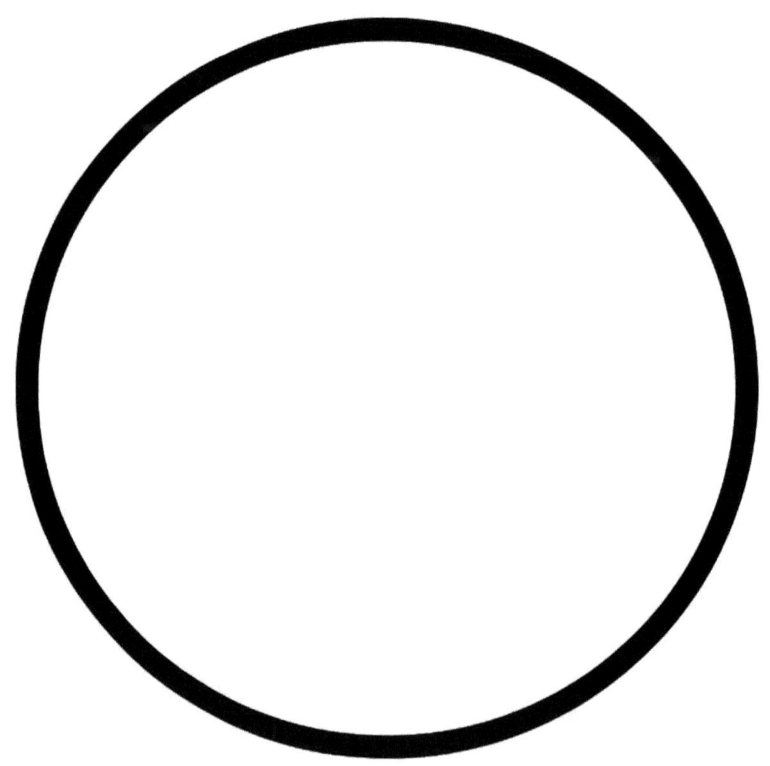

TAG 239: DUMM KANNST DU!

Deine bessere Hälfte redet viel, wenn der Tag lang ist. Darunter immer wieder eher nicht so intelligente Phrasen... Aber Moment mal, was war eigentlich das Dümmste, das wirklich Dämlichste, was Schatzi jemals von sich gegeben hat? Schreibe die drei dümmsten Aussagen auf!

1.

2.

3.

Tag 240: Du bist weg!

Deine bessere Hälfte und du, ihr geht zu einer Zaubershow. Schatzi geht bei einem Trick auf die Bühne. Der Zauberer lässt dein Gegenstück verschwinden. Leider so, dass er/ sie nicht wieder auftaucht. Klebe ein Foto von Schatzi auf diese Seite und dann male so darüber, dass Schatzi wie von Zauberhand verschwindet.

TAG 241: EIN LIEBESGE-DICHT, NUR FÜR DICH!

Schreibe deiner besseren Hälfte ein ganz persönliches Gedicht. Packe in das Gedicht so viele Schimpfwörter wie du nur kannst. Sei wirklich so fies und gemein, wie es nur geht. Überreiche es ihr/ihm als Überraschung.

TAG 242: BUS NACH NIRGENDWO?

Deine bessere Hälfte steigt in den Bus. Was Schatzi nicht weiß, der Bus fährt nicht zur Arbeit, sondern nach... Ja, wohin eigentlich? Schreibe die Destination auf den Bus.

TAG 243: ZITATE ZUM SCHMUNZELN

„Ach Schatzi, lass uns ein bisschen Winterspeck anfuttern. Dann müssen wir ins Fitti und haben weniger Zeit gemeinsam..."

Tag 244: Mundwinkel hoch, aber plötzlich!

Warum müssen Frauen lieber schön als klug sein?

Antwort: Männer können definitiv besser sehen als denken!

TAG 245: HILFE, ICH KANN DICH NICHT SEHEN!

Morgens aufgewacht und du bekommst die Augen kaum auf, weil noch viiiiiiiiel zu müde? Denk dran, du brauchst deine ganze Power für deine bessere Hälfte... Die **Lösung:** Mach dir einen Wachmacher-Smoothie! Die Schokolade darin enthält den Wachmacherstoff Theobromin und die Bananen liefern den extra-krassen Energie-Kick. Nach diesem Smoothie kannst du es jederzeit mit Schatzi aufnehmen!

Das brauchst du:

1 Banane
2 EL Kakao
100 ml Milch oder Milchersatz
Optional: einen Espresso

So bereitest du den Wachmacher-Smoothie zu:
Gib alles in einen Mixer und mixe, bis eine homogene
Masse entstanden ist. Dann runter damit und spüren, wie
die Energielevel wieder aufgeladen werden.

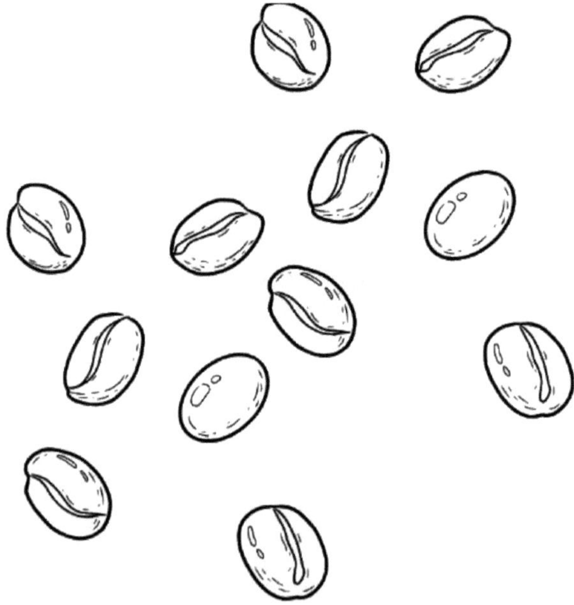

TAG 246: WAHRHEIT ODER PFLICHT?

Anschnallen bitte! Hier kommt eine neue Runde Wahrheit oder Pflicht! Das sind ein paar Aufgaben, die du deinem Gegenstück stellen kannst:

1. Rufe deine Eltern an und sage ihnen, wie verliebt du in mich bist!
2. Sing mir ein Lied vor, während du nur noch deine Unterwäsche trägst.
3. Zeige mir dein schönstes Körperteil und das möglichst auf kreative Weise.
4. Tanze so sexy wie du kannst zu deinem Lieblingssong.
5. Kuschel mit mir so wie du vorher noch nie mit mir gekuschelt hast.

TAG 247: GIB MIR DIE FERNBEDIENUNG!

Dein Gegenstück will immer die/der Erste an der Fernbedienung sein? Was Schatzi will, soll Schatzi haben. Allerdings klebst du vorher den Sensor der Fernbedienung ab und beobachtest dann, wie die scheinbar kaputte Fernbedienung deine bessere Hälfte immer mehr und mehr frustriert...

TAG 248: PSST, HIER KOMMT EIN GEHEIMNIS

Psst. Komm mal näher. Noch näher. Du darfst heute so richtig fies und gemein sein. Was für Verletzungen wünschst du dir für deine bessere Hälfte? Natürlich nur rein hypothetisch. Je lustiger, desto besser. Schreibe deine Top 5 der lustigsten Verletzungen auf.

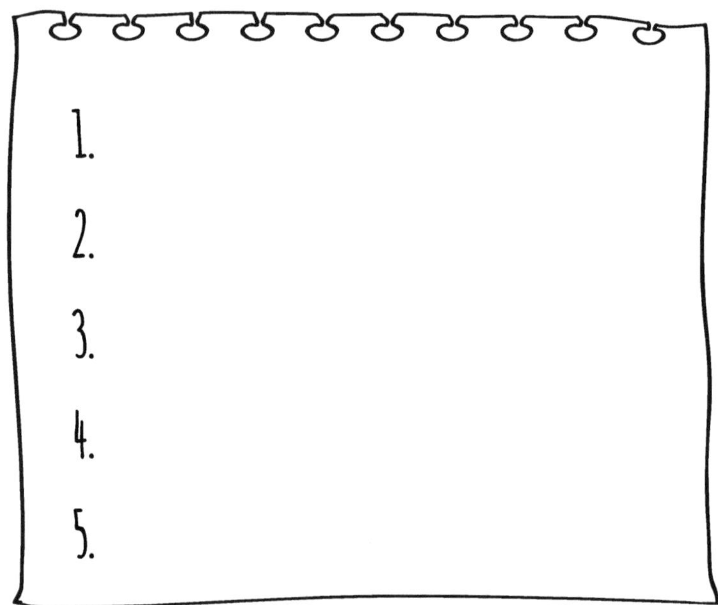

Tag 249: Ab in die Tiefe

Wer soll heute besser in der Versenkung verschwinden?

Antwort:

TAG 250: IST JA PEINLICH!

Normalerweise ist Schatzi so gar nichts peinlich? Tja, heute schon. Denn Schatzi hat sich beim Familientreffen auf ein Furzkissen gesetzt und bekommt nun einen hochroten Kopf. Deine bessere Hälfte sieht aus wie ein Feuerlöscher. Zeichne Schatzi einen hochroten Kopf.

TAG 251: ICH HAB RÜCKEN, BABY!

Deine bessere Hälfte hat Rückenschmerzen? Ihr habt extra eine Akupunktur-Matte gekauft, um das Rücken-Aua in den Griff zu bekommen. Schatzi ist todesmutig und legt sich für eine halbe Stunde auf diese Schmerzmatte. Als Schatzi sich von der Matte erhebt, hat er/sie nicht nur von den Nadeln fürchterliche Schmerzen. Nein, sein/ihr Rücken sieht komplett durchlöchert aus. Nimm einen Stift und zeichne auf Schatzis Rücken die feinen Nadelstiche ein.

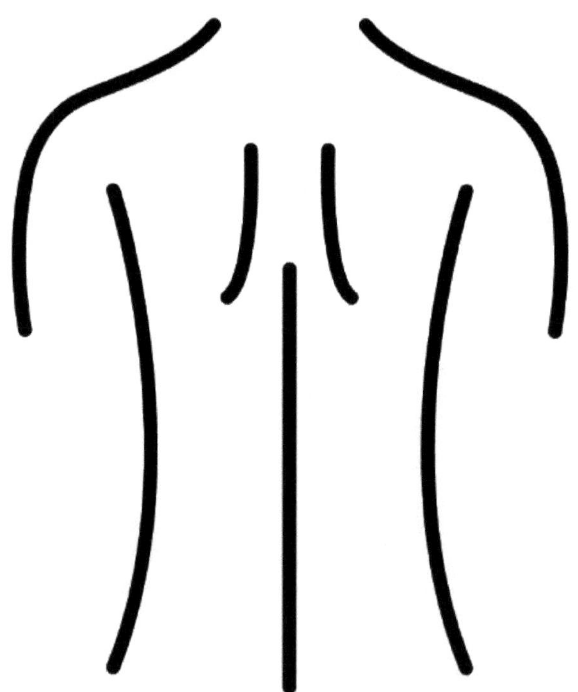

TAG 252: SIMSALABIM!

Deine bessere Hälfte und du seid bei einer Zaubershow. Dein Gegenstück wird auf die Bühne gerufen und soll sich in eine Kiste legen. Der Zauberer möchte sie/ihn zweiteilen. Normalerweise eine ziemlich unblutige und harmlose Angelegenheit. Normalerweise. Doch irgendetwas ist diesmal schief gelaufen. Leider wird Schatzi WIRKLICH zweigeteilt. Über das ganze Blut reden wir hier besser nicht. Zeichne Schatzi, zweigeteilt.

TAG 253: DU BIST ABER GROSS GEWORDEN!

Rate mal, mit wem du heute den ganzen Tag in Babysprache reden wirst... Richtig, mit deinem Gegenstück. Viel Spaß...

Tag 254: Du bist Master-Mind!

Du kannst gar nicht genug vom unnützen Wissen haben? Jetzt bist DU an der Reihe. Recherchiere kurz in den Tiefen des Internets nach unnützem Wissen und notiere es auf dieser Seite.

TAG 255: SCHIMPFEN WIE DIE ITALIENER!

Du hast Feuer und Temperament? Dann sind folgende italienische Schimpfwörter genau richtig für dich! Vergiss nicht, mit den Armen zu fuchteln, während du deiner besseren Hälfte die Schimpfwörter entgegenschleuderst.

Cretino – Schwachkopf
Cazzone – Trottel
Vaffanculo – Leck mich am Arsch!
Vai al diavolo – Geh zum Teufel!
Stronzo - Arschloch

TAG 256: DAS MACHT MICH GLÜCKLICH!

Es gibt Tage, an denen kann man etwas Glück gebrauchen. Tage zum Beispiel, die man mit Schatzi verbringt. Was macht dich glücklich? Sag es laut: SCHOKOLADE. Und weil das so ist, backst du dir einen Schokokuchen am Stiel. Das brauchst du für etwa 20 Kuchen am Stiel:

Für den Teig:
175 g weiche Butter
250 g braunen Zucker
1 Packung Vanillezucker
1 Prise Salz
3 Eier
250 g Mehl

1 TL Backpulver
1 TL Natron
60 g Backkakao
300 ml Buttermilch

Für die Glasur:
150 g Zartbitter-Kuvertüre
2 TL neutrales Speiseöl
Bunte Zuckerstreusel

Außerdem: Papierstrohhalme

So bereitest du den Kuchen zu:
Lege ein Backblech (40x24cm) mit Backpapier aus und heize den Backofen auf 180 Grad Ober- und Unterhitze auf. Gib die weiche Butter in eine Rührschüssel und rühre sie mit einem Mixer geschmeidig. Gib nach und nach den Zucker, den Vanillezucker und die Prise Salz hinzu. Jetzt nach und nach die Eier mithinzugeben, dabei immer schön weitermixen.

In einer weiteren Schüssel Mehl, Backpulver, Natron, Kakao miteinander vermischen und dann diese Masse abwechselnd mit der Buttermilch in die Buttermasse einrühren.

Den fertigen Rührteig auf dem Backblech verteilen und für etwa 25 Minuten in den Backofen schieben. Danach schön auskühlen lassen.

Den ausgekühlten Kuchen vom Backblech nehmen und in 20 Stücke schneiden (etwa 8x6 cm groß). Die Glasur mit dem Öl im Wasserbad erhitzen und dann den Kuchen damit verzieren. Zum Schluss für etwas Konfetti im Leben noch bunte Zuckerstreusel drüber streuen. Die Glasur fest werden lassen und vor dem Vernaschen mit einem Papierstrohhalm durchstechen. Guten Hunger!

TAG 257: KURZ VOR KURZ-SCHLUSS

Du sitzt schon seit ein paar Minuten mit hochrotem Kopf da und hast das Gefühl, du platzt gleich? Warum? Natürlich wieder einmal wegen Schatzi... Beruhige dich, es wäre doch schade um dich. Löse stattdessen lieber schnell dieses Wortsuchrätsel.

Puzzle #3

```
X L R C P H O K D J E Q A W J E
C G G K Q E N V O I A N W K U T
P G M J C R Z Z Y O R K U Q X M
I Z B P R F R S H A Y R Q S I R
L P Q T X N N N L U E X U C F O
C V X P P H I P Q M D T B H E V
Y I U Z T Q E P M R R B N U U O
O I X V V A L I Y R K N K L R O
E M U J R E S P E K T H S D R V
B E X H Z M N V P R R Y M Y W Q
M T W M E A E L H P K U B C C Q
K F B J I M A E S Y Z H R L P R
Y H U O T O M W I Q W U V A R H
D T O N G P U K F A S U S U N W
W I D K X H N N H J T S Q C H S
R B F N M Y B Z R K E K B O L N
```

IMMER
RESPEKT
ZEIT

NIE
SCHULD

Tag 258: Ab auf die Zeitinsel

Manchmal wünschst du dir eine Zeitinsel nur für dich? Das muss kein Traum bleiben... Nimm dir ein paar Stifte, suche dir einen ruhigen Platz und male dann das Mandala aus. Du wirst sehen, danach bist du entspannt und glücklich.

TAG 259: LIEBER...

Fülle das folgende Gebet aus:

Lieber ....
Du hast mich in den letzten Wochen sehr geprüft. Dank ....
habe ich es bisher mit Schatzi ausgehalten. Doch nun ist
..... Ich kann nicht mehr länger ..... Ich habe dich bisher nur
einmal um Hilfe gebeten. Damals, als ich ..... Und wie durch
ein Wunder hast du mich gerettet. Und deshalb wende ich
mich auch heute an dich, lieber ..... Bitte erlöse mich von
.... Wie du es anstellst, ist mir eigentlich egal. Wenn ich dir
einen Tipp geben dürfte? Nur so als Vorschlag. Wie wäre
es, wenn du Schatzi .... oder ...... Besser noch wäre folgendes
Szenario: ....
Wie auch immer du es anstellst, ich danke dir jetzt schon
einmal aus tiefstem Herzen. Für immer dein. ....

TAG 260: WIE HEISST DU NOCH MAL?

Natürlich hat deine bessere Hälfte einen Namen. Doch der
wird ihm/ihr nicht gerecht. Besser wäre folgender Name:

TAG 261: MEIN SCHATZZZZZZZZZZZZZ

Hüte dieses Buch wie deinen Schatz. Schließlich liefert es dir viele hilfreiche Aktionen, mit denen du dich etwas abreagieren kannst. Lege es für eine Nacht unter deinem Kopfkissen...

TAG 262: ICH SEHE NUR NOCH UNKRAUT

Unkraut vergeht nicht. Deine bessere Hälfte leider auch nicht. Zeichne Unkraut auf diese Wiese und stelle dir dabei vor, es wäre dein Gegenstück.

Tag 263: Ich brauche dringend ein neues Nervenkostüm!

Du brauchst ein neues Nervenkostüm? Du bekommst es. Nutze die Kraft der folgenden Kriya-Yoga-Übung. Das ist eine Meditationstechnik, die Atmung und Bewegung miteinander verbindet.

So führst du die Yoga-Übung aus:

1. Setz dich auf einen Stuhl, die Wirbelsäule ist dabei gerade. Lehne dich aber nicht an der Stuhllehne an. Verankere beide Sitzbeinhöcker auf der Stuhlfläche.
2. Strecke beide Arme seitlich aus, die Handflächen zeigen dabei nach unten. Mache nun kleine Kreise, aber rückwärts. Und zwar für eine Minute.
3. Drehe nun die Arme so, dass die Handflächen nach oben zeigen. Beuge deine Arme und berühre mit den Fingerspitzen deine Schultern. Jetzt heißt es: Einatmen. Und den Atem solange halten, wie du nur kannst. Vielleicht stellst du sogar einen neuen Rekord auf?
4. Atme aus und entspanne dabei die Arme. Lege die Hände auf deine Knie. Spüre wie dein neues Nervenkostüm erwacht. Bleib noch ein paar Sekunden sitzen, bis du wieder den „Kampf" mit deinem Gegenstück aufnimmst!

TAG 264: KENNEN WIR UNS?

Manchmal denkst du, es war schöner, als Schatzi noch nicht in deinem Leben getreten war? Heute darfst du so tun, als ob du deine bessere Hälfte nicht kennst. Wenn Schatzi dir schreibt, tust du so, als ob du ihn/sie nicht kennen würdest. Antworte zum Bespiel mit: „Woher haben Sie meine Nummer? Kennen wir uns?" Das wird Schatzi mit Sicherheit schwer verwirrt zurücklassen...

TAG 265: LEIDER FALSCH GELAUFEN...

Deine bessere Hälfte kommt ins Krankenhaus. Am nächsten Tag nimmt Schatzi sich das Leben. Warum?

Antwort: Dein Gegenstück leidet unter einer extrem seltenen Krankheit, einer Knochenkrankheit. Eigentlich sollte Schatzi im Krankenhaus der linke Arm amputiert werden. Sie haben aber den rechten amputiert. Schatzi hat beschlossen, dass das Leben so nicht mehr lebenswert ist und scheidet freiwillig aus dem Leben.

TAG 266: BIIIIIIIIINGOOOOOO

Sicher kennst du Bingo? Wir spielen heute eine etwas abgewandelte Variante. Schreibe fünf Dinge auf, die dein Gegenstück mit Sicherheit heute wieder tun wird, einfach, weil Schatzi es jeden Tag tut. Auch wenn es dich in den Wahnsinn treibt. Wenn Schatzi diese Dinge dann tatsächlich tut, hake sie ab. Wenn alle fünf Dinge ausgehakt sind, rufe ganz laut: Biiiiiiiiiiiiiiiiingooooooooo.

Hier ein paar Beispiele, was auf diesem Bingo-Zettel stehen könnte:

Schatzi gähnt so laut, so dass man es noch im Nachbardorf hört.
Schatzi isst meine Schokolade.
Schatzi macht die Milch leer.
Schatzi blockiert für eine Stunde das Badezimmer.

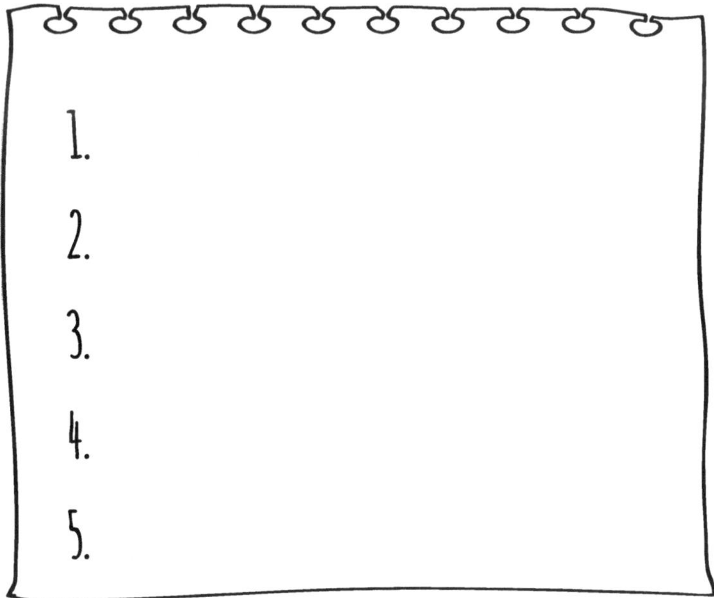

Tag 267: Das erklärt vieles

Dein Kopf ist so voller Schatzi? Du brauchst dringend eine Ablenkung? Wie wäre es mit neuem unnützem Wissen? Wusstest du, dass der Mensch sich stolze 98 Prozent seiner DNA mit einem Schimpansen teilt? Nein? Jetzt schon. Verständlich, dass das einiges in Bezug auf dein Gegenstück erklärt...

TAG 268: EINE INSEL, NUR FÜR DICH!

Dein Gegenstück und du, ihr seid auf Kreuzfahrt. Leider geht Schatzi über Bord. Aber keine Angst, Schatzi ertrinkt nicht. Mit letzter Kraft kann sich deine bessere Hälfte auf eine einsame Insel retten. Wie die wohl aussieht? Male deinem Schatzi seine/ihre ganz persönliche Insel...

TAG 269: MUND-WINKEL HOCH, ABER PLÖTZLICH!

Warum haben Männer immer ein absolut reines Gewissen? Du hast keine Ahnung? Ist doch klar, es wurde doch noch nie benutzt!

TAG 270: SIX-PACK MAL ANDERS

Schatzi hat ein Six-Pack. Ein Six-Pack, das allerdings eher an einen 6er Pack Bier erinnert. Zeichne den Bauch deiner besseren Hälfte, und zwar so wie du ihn siehst und nicht wie dein Gegenstück ihn sieht.

TAG 271: TROSTPFLASTER GEFÄLLIG?

Manchmal, ja manchmal hast du es nicht leicht mit deiner besseren Hälfte. Daher kommt hier ein Trostpflaster. Ganz allein nur für dich! Fühl dich gedrückt.

TAG 272: KNEIF MICH MAL

Schatzi kann es kaum glauben, dass du wirklich und wahrhaftig mit ihm/ihr zusammen bist? Kneif Schatzi in den Arm, um ihm/ihr zu zeigen, dass das kein Traum ist. Wie sieht der Arm danach aus?

Tag 273: IIIIIIIIIgitt, was ist denn das?

Es gibt bestimmt Dinge, die dein Gegenstück so überhaupt nicht mag. Spinnen zum Beispiel. Male diese Spinne aus und überlege dir, wie du damit deine bessere Hälfte erschrecken kannst. Vielleicht, indem du sie ausschneidest und ins Bett legst?

TAG 274: DAS HAAR IN DER SUPPE

Schatzi und du, ihr seid gemeinsam im angesagtesten Restaurant der Stadt. Du bist mit deinem Essen vollends zufrieden. Aber deine bessere Hälfte hat da was in der Suppe. Wie eklig. Was könnte das sein?

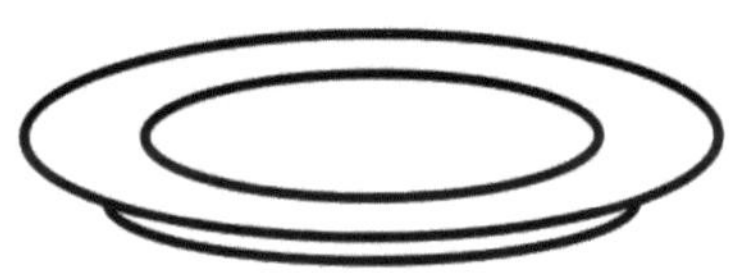

TAG 275: ARMER SCHATZI

Deine bessere Hälfte und du, ihr seid mit dem Auto unterwegs Richtung Urlaub. Am Ende liegt Schatzi im Straßengraben. Tot. Was ist bloß während der Autofahrt passiert?

Antwort: Ihr seid in England unterwegs. Nachts. Plötzlich wabert Nebel über den Straßen. Schatzi kommt auf die glorreiche Idee, das Fenster runterzukurbeln und den Kopf rauszustrecken. Keine gute Idee. Denn auf der Gegenseite kommt ein Auto mit einem Fahrer, der die gleiche Idee hatte. Es kommt, wie es kommen muss. Die Köpfe kollidieren. Dein Gegenstück ist sofort mausetot.

TAG 276: CHILL MAL!

Du bist so wütend, du bekommst schon Stresspickel! Komm lieber schnell runter. Leg eine Gesichtsmaske auf und löse dieses kniffelige Wortsuchrätsel.

Puzzle #4

```
D X T L C D C K H V S Y F B E V
A T F O M X Z V G E D U L D A K
L Z P H A R M O N I E D C Z B Y
Y A G R U L T G I D L E Y B V G
Y S E B U E N T S P A N N U N G
N R L Y G H Y X V F A B Z B C X
R O A N N A E N J F C S S S A S
P P S E A T Q F K I E N S L F T
K R S L G M M P T C B D D L X B
A T E S O E Z T N M F Q U D C W
I E N T S N E A Y B O T H P O T
L E H R K R L S N W H Q E Z I N
N Y E G W A F R I E D E N A E J
N Z I V B K Z E N K E M S P J S
C N T M M A J V J I N W U H T C
B P R E C L M R P V V V X R Z B
```

ATMEN   BALANCE
ENTSPANNUNG   FRIEDEN
GEDULD   GELASSENHEIT
HARMONIE   RUHE

Tag 277: Du hast doch einen an der Waffel!

Dein Gegenstück hat einen an der Waffel? Das bringt dich auf eine Idee... Waffeln, das wäre doch mal etwas. Doch karoeinfach kann jeder. Du machst dir ganz besondere Waffeln: Regenbogen-Waffeln

Für etwa 4 Waffeln brauchst du:
4 Eier
100 g Zucker
1 Packung Vanillezucker
1 Prise Salz
200 g Mehl
2 TL Backpulver
400 g Schlagsahne
Lebensmittelfarben: gelb, grün, rot, blau
Zuckerstreusel
Neutrales Speiseöl

So bereitest du die Regenbogen-Waffeln zu:
Gib Eier, Zucker, Vanillezucker und Salz in eine Rührschüssel und schlage die Masse mit einem Rührgerät schaumig. Misch in einer weiteren Schüssel das Mehl mit dem Backpulver und gib es dann portionsweise und abwechselnd mit etwa 200g Sahne in die Eiermischung.
Teile nun den Teig in etwa vier gleich große Portionen und gib jeweils etwas Lebensmittelfarbe hinzu.
Schalte dein Waffeleisen ein und fette es mit etwas neutralem Speiseöl.

Das Waffeleisen ist vorgeheizt? Dann gib mit Hilfe eines Löffels einen Klecks von dem blauen Teig in die Mitte. Rings herum verteilst du den grünen Teig. Dann ist der gelbe Teig an der Reihe, zum Schluss dann der rote Teig. Schnell das Waffeleisen schließen. Und circa 3 Minuten warten. Waffel aus dem Waffeleisen nehmen und auf einen Teller platzieren.
Die übrige Schlagsahne steif schlagen und als Wolke auf der unteren Hälfte der Waffel verteilen. Jetzt nur noch ein paar bunte Zuckerstreusel drauf und dann: Genießen!

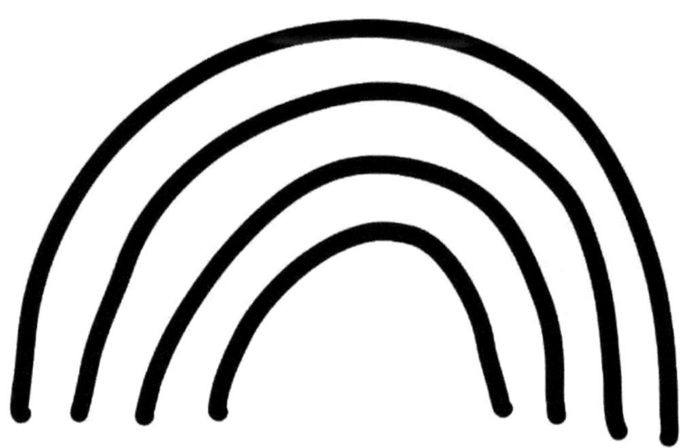

TAG 278: NA SCHATZI, ERKENNST DU DAS?

Heute ist Schatzis Glückstag. Deine bessere Hälfte darf ein Spiel mit dir spielen. Dafür verbindest du ihm/ihr zunächst die Augen. Nein, es wird jetzt nicht romantisch, den Zahn musst du deinem Gegenstück leider ziehen. Nein. Nein. Nein. Schatzi muss mit verbundenen Augen Lebensmittel erkennen. Unsinnig zu erwähnen, dass du dabei richtig fies bist. Ich sage nur: Ingwer, Senf, Knoblauch...

TAG 279: SO EIN PECH...

Deine bessere Hälfte geht dreimal die Woche zum Sport? Auch heute wieder ist Schatzi fleißig am Trainieren, im Handball Verein. Leider, leider bekommt Schatzi den Ball nicht zu fassen. Er landet stattdessen voller Power in Schatzis Gesicht. Autsch, das tut weh. Wie sieht das Gesicht von deinem Gegenstück nach dieser Ballattacke aus?

TAG 280: OOOOOOOOOOH!!!

Deine bessere Hälfte ist heute früh aufgewacht. Schlaftrunken geht Schatzi ins Bad. Irgendwann fällt Schatzis Blick in den Spiegel. Schatzi erschrickt. Was ist denn da passiert? Schatzi hat einen ganz fiesen Ausschlag im gesamten Gesicht. Wie sieht der Ausschlag aus?

Tag 281: Du bist echt helle. Nicht.

Wer ist nicht unbedingt die hellste Kerze am Leuchter?

Antwort:

TAG 282: LINKS IST AUCH NOCH PLATZ!

Schatzi hat dir wieder einmal einen dummen Spruch gedrückt? Lass dein Gegenstück links liegen, dort ist noch genug Platz, und male lieber dieses Mandala aus!

TAG 283: WO IST MEIN AUTO?

Es gibt Tage, an denen möchte man zuschlagen. Wahlweise auch auf ein Auto. Ein Auto, dass Schatzi aus ganzem Herzen liebt. Ein Auto, das Schatzis ganzer Stolz ist. Stelle dir vor deinem inneren Auge vor, wie du das Auto von Schatz demolierst. Mit einem Baseballschläger. Schlag richtig zu! Wie sieht das Auto danach aus?

TAG 284: IMMER SCHÖN PROGRESSIV DENKEN!

Na toll. Deine bessere Hälfte hat es geschafft. Du bist durch den ganzen Ärger so angespannt, dass dir dein ganzer Körper weh tut. Zum Glück gibt es etwas, was du tun kannst, um diese Anspannung loszuwerden. Das Zauberwort heißt: Progressive Muskelentspannung. Und das Tolle? Bei dieser Übung darfst du die Fäuste ballen und dabei ganz stark an Schatzi denken...

So gehst du dabei vor:
1. Du beginnst mit der rechten Seite. Balle deine Hand zu einer Faust, steigere die Spannung und halte diese Spannung für etwa 5-10 Sekunden. Versuche dabei nicht zu verkrampft zu sein. Löse die Anspannung und spüre nach. Wie fühlt sich deine Hand und dein Unterarm an? Lasse die Muskeln für 30 Sekunden wirklich ganz entspannt.
2. Jetzt ist die andere Seite dran. Balle auch die linke Hand zu einer Faust, halte die Spannung für 5-10 Sekunden und lass dann ganz bewusst locker. Spüre nach.
3. Nun ist es an der Zeit, Schatzi zu zeigen, wer hier das Sagen hat. Zeige deinem Gegenstück deinen Bizeps. Beuge dafür die Arme in Richtung der Schulter. Ziehe die Unterarme so richtig an die Oberarme an und spanne dann deinen Bizeps an. Hände bleiben dabei locker. Halte die Spannung für 5-10 Sekunden, lasse dann ganz bewusst locker. Spüre nach.

Und voila, schon ist der Stress wegen deiner besseren Hälfte vergessen... Naja, zumindest fast.

TAG 285: DAS GEHEIMNIS EINER GLÜCKLICHEN BEZIEHUNG

Kennst du schon die fünf Geheimnisse einer glücklichen Beziehung? Nein, noch nicht? Hier kommen sie:

1. Suche dir einen Partner, der zwar einen Job hat, aber dennoch wichtige Aufgaben im Haushalt übernimmt.
2. Suche dir einen Partner, auf den du dich immer verlassen kannst und der dich nicht anlügt.
3. Suche dir einen Partner, der dich immer wieder so richtig zum Lachen bringt. So sehr, dass du Tränen lachst.
4. Suche dir einen Partner, mit dem du auch Spaß im Bett hast.
5. Achte darauf, dass sich die vier Partner nicht kennen!!!!

Tag 286: Mundwinkel hoch, aber plötzlich!

Ein Paar streitet sich. Brüllt die Frau dem Mann an: „Unsere Beziehung war doch von Anfang an ein gottverdammter Irrtum!" Sagt der Mann trocken: „Ja tatsächlich. Denn eigentlich hatte ich nur einem Taxi hinterhergepfiffen..."

TAG 287: WIE PHOENIX AUS DER ASCHE

Wie Phoenix aus der Asche stehst du jeden Tag auf, um es erneut mit deiner besseren Hälfte aufzunehmen! Male den Phoenix aus und sei stolz auf dich!

TAG 288: DER KLON

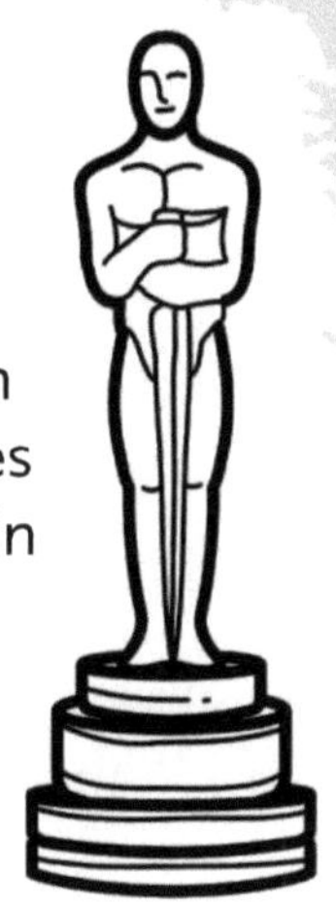

Es reicht! Schatzi hat dich genug in den Wahnsinn getrieben. Es ist Zeit, sich zu rächen. Jetzt geht es deiner besseren Hälfte an den Kragen! Schlüpf in die Rolle deines Gegenstücks. Du bist Schatzi. Du redest wie Schatzi. Du gehst wie Schatzi. Du bewegst dich wie Schatzi. Am Ende wirst du einen Oscar für deine Darstellung gewinnen!

TAG 289: DAS IST MEIN OHR!

Wer knabbert dir Tag für Tag dein Ohr ab? Zeichne dein armes, abgeknabbertes Ohr auf diese Seite... Lege eine Gedenkminute für dein Ohr ein.

Tag 290: Tschö mit ö

Reiße diese Seite aus und bastele ein Papierflugzeug daraus. Dann lässt du das Papierflugzeug fliegen und stellst dir dabei vor, dass dein Gegenstück mit am Bord ist. Das Flugzeug fliegt und fliegt, weit weg. Und dann, dann stürzt es ab. So ein Pech aber auch.

TAG 291: LOS, ZÄHL MIT!

Ärgern über Schatzi ist bitter. Es wird Zeit für etwas Glitter. Und das in Form von äh... unnützem Wissen. Hier kommt es:

Wusstest du, dass ein deutscher Mann durchschnittlich 19 Unterhosen besitzt? Los, zähl mal nach. Wie sieht es bei dir/Schatzi aus?

Tag 292: Das war nur aus Versehen!

Nichtsahnend läufst du durch die Wohnung. Du werkelst in der Küche und merkst, dass du mit deinen Hausschuhen etwas zerdrückst. Was zum Teufel war denn das? Du siehst nach. Kannst aber ohne Brille kaum etwas erkennen. Du holst deine Brille und schaust genauer hin. Es ist: Schatzi! Wie konnte denn das passieren? Schatzi wurde über Nacht geschrumpft und nun, nun ist Schatzi Geschichte. Wie sieht Schatzi wohl aus? So ganz zerdrückt. Male deine bessere Hälfte auf diese Seite. Zerdrückt natürlich.

TAG 293: ICH SAGTE: NICHT ANFASSEN!

Du hast es deiner besseren Hälfte wirklich mehr als einmal gesagt: Der Teller ist heiß. Aber Schatzi will einfach nicht hören. Schatzi greift also beherzt an den Teller und verbrennt sich. Und zwar so, dass es richtig fiese, schmerzende Brandblasen gibt. Zeichne die Brandblasen auf die Hand.

TAG 294: SCHATZI HAT ES VERDIENT!

Dein Gegenstück denkt wirklich, dass er/sie der/die Größte ist? Soll Schatzi ruhig denken. Als Beweis für Schatzis Genialität wirst du jetzt jedem Wort von Schatzi Applaus spenden. Jeder einzelne Satz wird von dir gebührend gefeiert. Klatsch in die Hände!

Tag 295: Ich glaube, wir haben uns verirrt

Deine bessere Hälfte und du, ihr seid in einem Maislabyrinth unterwegs. Ihr irrt schon seit Stunden durch das Labyrinth. Ihr beschließt, euch zu trennen. Du findest den Weg heraus. Dummerweise vergisst du vor lauter Glück dein Gegenstück. Naja, egal. Finde den Weg heraus aus diesem Labyrinth.

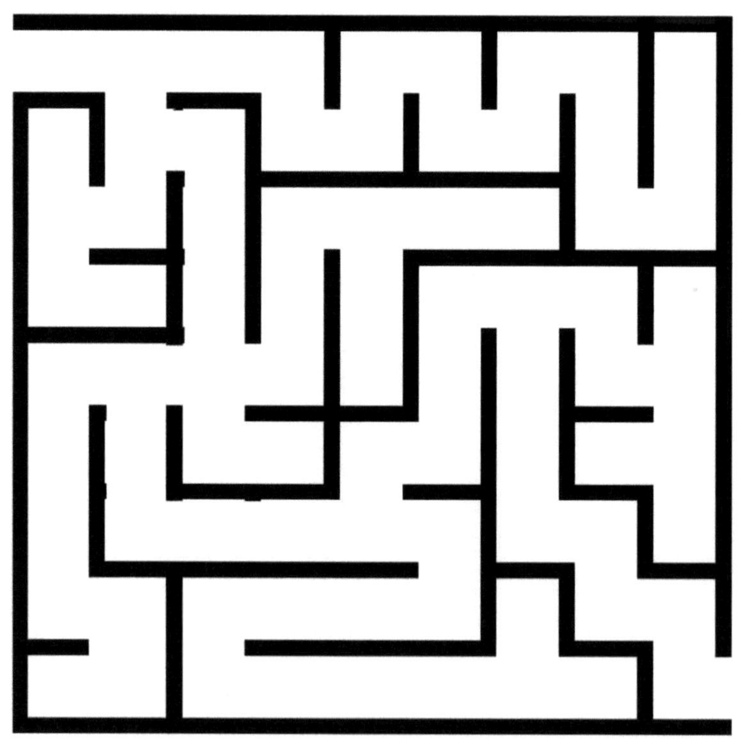

TAG 296: HAST DU DICH ETWA VERSCHLUCKT?

Schatzi hat es mal wieder ganz besonders eilig. Beim Trinken. Leider verschluckt sich deine bessere Hälfte und spuckt dabei die Hälfte wieder aus. Zeichne die Brühe, die aus Schatzis Mund schießt.

TAG 297: RUHIG TEE TRINKEN...

Wenn Schatzi dich wieder einmal nur aufregt, dann nimm dir Zeit für dich. Setze dich dort hin, wo dein Gegenstück gerade nicht ist, und schließe die Augen. Atme dreimal tief ein und aus und entspann dich dabei. Und dann, dann gönnst du dir einen Tee. Einen Tee, der deine Nerven beruhigt. Einen Baldrian-Tee.

So bereitest du den Baldrian Tee zu:
Zerdrücke etwa 3 Gramm einer Baldrianwurzel (stell dir ruhig dabei vor, es wäre dein Gegenstück). Dann übergießt du die Wurzel mit etwa 150 ml kochenden Wasser. Lass den Tee für 15 Minuten ziehen. Um die volle Power der Baldrian Wurzel zu spüren, trinke diesen Tee ruhig dreimal täglich. Du wirst sehen, Schatzi kann dich dann kreuzweise.

TAG 298: ICH HAB DA EINE IDEE!

Diese Seite ist reserviert. Nur für deine Ideen. Denk dir drei Szenarien aus, wie du dein Gegenstück möglichst phantasievoll um die Ecke bringen könntest. Natürlich nur rein theoretisch.

Tag 299: Jeder braucht ein klein wenig Inspiration

Recherchiere im Internet nach spektakulären Unfällen. Hast du einen gefunden? Dann drucke die Infos über ihn aus und klebe diese hier auf die Seite. Jeder braucht schließlich ein bisschen Inspiration. Wir verstehen uns, oder?

TAG 300: DU ALTES SACKGESICHT!

Nicht immer, aber immer öfter, ist Schatzi so ein richtiges Sackgesicht, oder? Das gilt es, zu verdeutlichen! Zeichne deinem Gegenstück einen Sack ins Gesicht.

TAG 301: ARSCHGESICHT! DUMM-BRATZE! TOILETTENTIEFTAUCHER!

Dir kommen bestimmt so einige Schimpfwörter in den Sinn, wenn du an deine bessere Hälfte denkst.... Schreibe alle Schimpfwörter, die du mit Schatzi assoziierst, auf diese Seite!

TAG 302: ICH SCHEISS DRAUF!

Deine bessere Hälfte treibt es wieder bis zum Äußeren? Egal, denke: Scheiß drauf! Und male dabei dieses Kackhaufen aus.

Tag 303: Mundwinkel hoch, aber plötzlich

Ein Paar streitet sich. Sagt der Mann: „Ich fürchte ja, dass ein großer Teil unserer Beziehungsprobleme mit Missverständnissen zu tun hat!" Fragt die Frau: „Ach, wir sind zusammen?"

TAG 304: SO GEHT'S NATÜRLICH AUCH!

Sina hat ein Ritual. Jeden Abend, bevor sie zu Bett geht, schließt sie die Haustür ab und befestigt den Schlüssel an einem Band. Nach einem Streit mit ihrem Partner ist sie am nächsten Morgen tot. Was könnte passiert sein?

Lösung: Sina ist eine Schlafwandlerin. Normalerweise befestigt sie den Schlüssel an einem Band mit einer Glocke, damit sie aufwacht, wenn sie ihn zum Aufschließen der Tür benutzen möchte.
Nach einem heftigen Streit entfernt ihr Freund den Schlüssel vom Band und schließt die Tür auf. Sina schlafwandelt nach draußen und auf eine stark befahrene Straße, wo sie von einem LKW überfahren wird.

TAG 305: BOAH, DAS TUT SCHON WEH!

Du kannst gar nicht mehr zählen, wie oft du deiner besseren Hälfte den Stinkefinger zeigst. Du hast schon echt Muskelkater in dem Finger. Mach es dir leichter, zeichne auf dieser Seite einen Umriss deiner Hand, natürlich mit ausgestrecktem Zeigefinger. Schneide die Hand aus und klebe sie Schatzi dorthin, wo sie immer zu sehen ist.

Tag 306: Schäm dich!

Schatzi war ungezogen. Ab in die Ecke mit Schatzi! Zeichne deine bessere Hälfte in einer der Ecken dieser Seite.

TAG 307: CHAOS IM KOPF

Du fühlst gerade nur Chaos im Kopf? Bring das Chaos über diese Seite. Tobe dich richtig aus. Benutze verschiedene Stifte, verwische alles mit Wasser. Tu, was du willst. Und dann halte inne: Fühlst du dich besser?

TAG 308: BROKEN-HEART-WAS?

Du brauchst einen Grund, warum du dich nicht allzu sehr über dein Gegenstück aufregen solltest? Hier kommt er: Sehr starker Stress kann zu einem Broken-Heart-Syndrom führen. Die Symptome ähneln einem Herzinfarkt. Betroffene leiden unter Atemnot und Schmerzen in der Brust. Ganz ehrlich? Das ist kein Schatzi dieser Welt wert. Beruhige dich also und male dein wunderschönes, gesundes Herz dabei aus.

TAG 309: DU HAST ALLES RUINIERT!

Schatzi hat ein Kleidungsstück, das er/sie wirklich heiß und innig liebt? Einen Pulli vielleicht, den dein Gegenstück am liebsten jeden Tag tragen würde? Dann schütte doch einfach mal, natürlich aus Versehen, einen Kaffee oder eine Soße darüber. Der Clou: Es ist natürlich kein echter Kaffee, sondern eine auswaschbare Farblösung, die du dir vorher besorgt hast. Aber das Gesicht deines Partners ist Gold wert, wenn deine bessere Hälfte denkt, dass die Lieblingsklamotte ruiniert ist!

Tag 310: Wie romantisch! Du und ich, gemeinsam ins …

Reg dich ab! Fülle dein hübsches Köpfchen statt mit Wut mit unnützem Wissen. Wie wäre es hiermit: Wusstest du, dass es ein Ehepaar gab, das einen ganz besonders romantischen Ausflug gemeinsam unternahm? Mark Lee und Nancy Jan Davis flogen tatsächlich gemeinsam ins All. Leider hat dieses romantische Event ihre Ehe nicht retten können, sie wurden später geschieden.

TAG 311: SCHIMPFEN - AUF PLATTDEUTSCH

Schimpfen, ohne dass Schatzi es bemerkt? Das geht auch auf Plattdeutsch. Hier kommen die schönsten plattdeutschen Schimpfwörter, die du deiner besseren Hälfte um die Ohren hauen kann. Wetten, dass Schatzis Gesicht ein einziges Fragezeichen sein wird?

Gnadderkopp: Dein Gegenstück ist immer übellaunig und weiß alles besser? Dann ist das das richtige Schimpfwort!
Puttfarken: Schatzi sollte dringend mal wieder duschen? Puttfarken nennt man eine Person, die es mit der Körperhygiene nicht ganz so genau nimmt.

Backbeest: Deine bessere Hälfte hat etwas an Masse zugenommen? Nicht schlimm, Kurven stehen jedem. Aber du kannst Schatzi trotzdem mit dem Schimpfwort Backbeest ärgern, eine Bezeichnung für eine große und sehr massige Person.

Ziepeltriene: Wenn Schatzi sehr wehleidig ist, ist Ziepeltrine das richtige Wort.

Bullerballer: Schatzi geht immer schnell an die Decke? Wenn dein Schatzi etwas jähzorniger Natur ist, kannst du ihn/sie Bullerballer nennen.

Kluntjeknieper: Wenn du mit Schatzi unterwegs bist, zahlst meistens du? Wenn deine bessere Hälfte sehr, sehr geizig ist, dann nenn Schatzi ab sofort Kluntjeknieper.

TAG 312: FREUNDCHEN, PASS LIEBER AUF!

Achtung, Achtung! Schatzi sollte heute lieber aufpassen! Warum? Deine Zündschnur ist heute besonders kurz. Es ist wirklich kurz vor knapp, bis du explodierst. Zeichne deine Zündschnur an die Bombe.

TAG 313: RUHE, ICH PUTZE!

Wer soll heute vom Staubsauger eingesaugt und über die Mülltonne entsorgt werden?

Antwort:

Tag 314: Bist du etwa schwanger?

Schatzi ist schwanger. Mit einem Foodbaby. Er/sie hat beim Essen so richtig reingehauen und es komplett übertrieben. Jetzt liegt Schatzi vollkommen fertig auf der Couch. Der Bauch... Ja, was ist mit dem Bauch? Wie schaut der Bauch von Schatzi aus? Zeichne den Bauch deines Gegenstücks.

TAG 315: EINE RADTOUR, DIE IST LUSTIG

Deine bessere Hälfte ist auf Radtour. Am Abend kommt Schatzi nach Hause, vollkommen verdreckt und stinkend bis zum Himmel. Schatzi hatte einen kleinen Unfall. Er/sie hat für einen Moment nicht aufgepasst und ist dann mitten in ETWAS hineingefahren. Was könnte dieses ETWAS sein? Zeichne es auf diese Seite!

TAG 316: WAHRHEIT ODER PFLICHT?

Uuuuuuuuuuuuuund es ist wieder Zeit für eine neue Runde Wahrheit oder Pflicht. Schapp dir Schatzi und gib deinem Gegenstück folgende Aufgaben:

1. Zieh deine Socken aus und stopfe sie in deinen Schlüpper.
2. Such dir einen Gegenstand und dann lecke ihn voller Leidenschaft ab!
3. Mach mir einen besonders lustigen Heiratsantrag.
4. Male deine Traumfrau/deinen Traummann. Und wehe, er/sie ähnelt nicht mir!
5. Hole dir Lebensmittel aus der Küche und schminke dich damit!

Tag 317: Ein Tag am Meer

Schatzi schlägt mal wieder große Wellen? Egal. Scheiß egal. Zeichne Wellen auf diese Seite und stelle dir vor, wie du die Wellen bei einem Tag am Meer beobachten kannst. Na, fühlst du dich besser? Das Meer hilft doch (fast) immer!

TAG 318: GUTER COP, BÖSER COP

Ach, manchmal weißt du auch nicht. Es ist ja nicht alles schlecht bei Schatzi. Spiele Guter Cop, böser Cop, indem du eine Liste mit den positiven und den negativen Seiten von deinem Gegenstück erstellst. Versuche dabei, nicht alles ernst zu nehmen und die Vor- und Nachteile lustig zu formulieren!

TAG 319: DER SHIT-STORM

Einmal im Leben muss man auf jeden Fall einen echten Shit-Storm mitmachen! Es reicht aber, dabei zu sein. Ganz gut, wenn Schatzi das Opfer ist. Wie könnte der Shit-Storm aussehen? Überlege dir eine lustige Situation, bei der Schatzi so richtig ins Fettnäpfchen tritt. Ob du den Shit-Storm dann tatsächlich lostrittst oder er doch nur ein Gedankenspiel bleibt, ist vollkommen dir überlassen!

TAG 320: ZITATE ZUM SCHMUNZELN

„Jede gute Beziehung besteht doch aus Geben und Nehmen. Du gibst mir rasende Kopfschmerzen und ich nehme mir aus der Not heraus Paracetamol!"

TAG 321: GANZ KLEIN MIT HUT

Du möchtest Schatzi so richtig, richtig zusammenfalten? Dann tu es doch einfach! Reiße diese Seite heraus und dann falte sie ganz klein zusammen. Na los, ein bisschen kleiner geht's noch! Stell dir vor, es wäre dein Gegenstück!

Tag 322: Hiiiiiilfe, ich blute!

Dein Gegenstück labert heute wieder nur Müll. Du blutest schon aus dem Ohr. Zeichne das Blut ein, wie es dir aus dem Ohr tropft!

TAG 323: WAS WÜRDEST DU LIEBER?

Du willst wissen, wie Schatzi tickt? Dann stelle deinem Gegenstück folgende Fragen, die Schatzi wahrheitsgetreu beantworten muss:

1. Würdest du mich lieber wiederbeleben oder eine Millionen Euro gewinnen?
2. Würdest du lieber nur noch in Rätseln sprechen oder ab sofort nur noch Rappen, was du sagst?
3. Würdest du lieber für den Rest deines Lebens kalte Füße haben oder das Gefühl, einen kleinen Stein in der Socke zu haben?
4. Würdest du eher in einem Pool voller Nuss-Nougat-Creme schwimmen oder in einem mit Pina Colada?
5. Was würdest du aufgeben: Zähne putzen oder Haare waschen?

TAG 324: WO IST DENN DAS WARME WASSER HIN?

Schatzi steht unter der Dusche. Nur leider, leider gibt es kein warmes Wasser mehr. Dein Gegenstück muss also eine Eisdusche nehmen und kommt danach als Eiszapfen aus der Dusche. Zeichne einen Eiszapfen auf diese Seite!

Tag 325: Grrrrrrrr, die Wut muss raus!

Manchmal gibt es Tage, da muss all dein Ärger über Schatzi raus! Schlage mit beiden Fäusten auf deine Matratze ein, solange, bis du dich wieder etwas beruhigt hast.

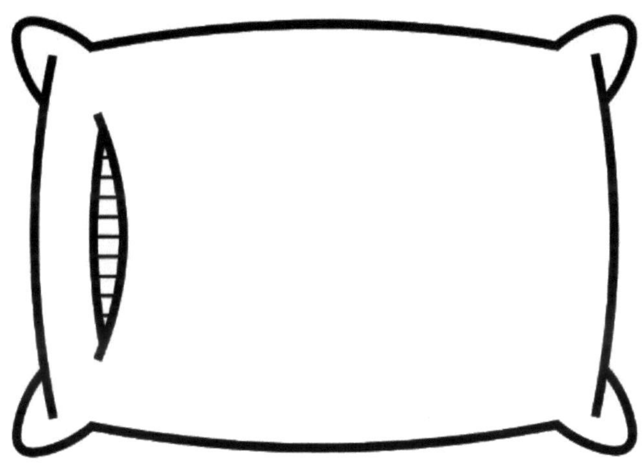

TAG 326: DAS ZWIEBEL-MASSAKER

Du kochst und schneidest dafür gerade eine Zwiebel auf. Schatzi kommt rein, im Nervmodus. Aber bevor dein Gegenstück etwas sagen kann, beginnen Schatzis Augen zu tränen und zuzuschwellen. Deine bessere Hälfte ist ausgeknockt, und das für Stunden. Und das nur mit Hilfe einer einfachen Zwiebel. Hach, es kann so einfach sein. Wie sehen Schatzis Augen aus? Zeichne das, was das Zwiebel-Massaker mit ihnen angerichtet hat...

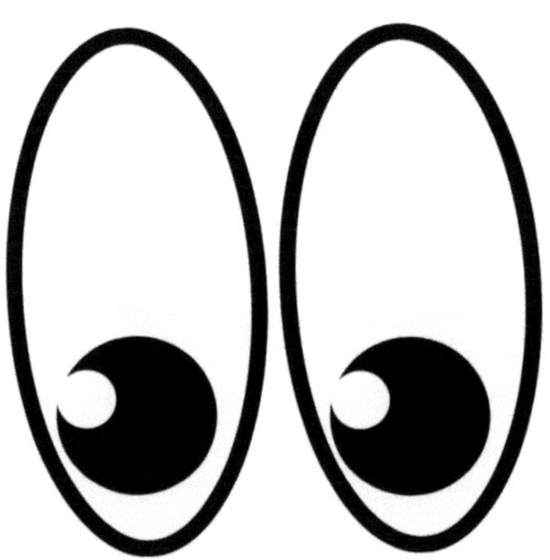

TAG 327: ZUM ABEND EIN BISSCHEN FEENSTAUB

Dein Gegenstück und du, geht gerade zu Bett. Plötzlich gibt es einen lauten Knall und eine kleine, pummelige Fee erscheint vor euren Augen. Sie erfüllt Schatzi einen Wunsch. Aber natürlich nicht irgendeinen. Schatzi darf aus den folgenden Szenarien wählen:

Für einen Tag in dem Körper einer Ameise wohnen – oder für einen Tag im Körper einer Schnecke wohnen? Für was wird dein Gegenstück sich wohl entscheiden? Zeichne das Tier auf diese Seite!

Tag 328: Mundwinkel hoch, aber plötzlich!

Was sind fünf Frauen, die in einer Küche stehen?

Lösung: Artgerechte Haltung.

TAG 329: MEINE HOHEIT!

Dein Gegenstück ist der Meinung, er/sie ist etwas Besseres? Denkt aber nur Schatzi. Sonst keiner. Stochere ein bisschen in Schatzis Ego, indem du sie/ihn den ganzen Tag mit „Meine Hoheit" ansprichst!

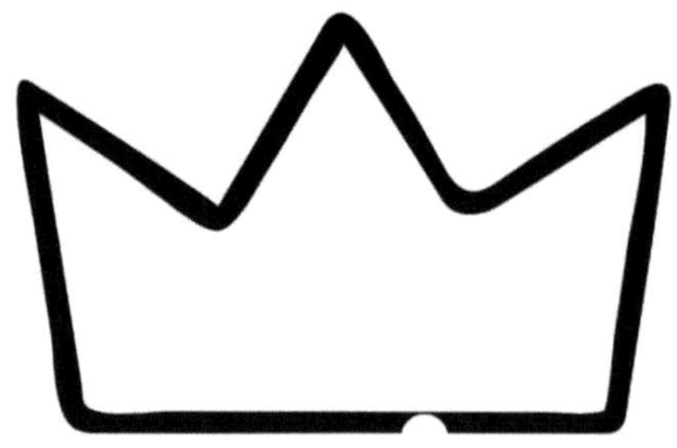

TAG 330: OH, DAS TUT MIR ABER SEHR, SEHR LEID.

Deine bessere Hälfte hat sich beide Beine und beide Arme gebrochen und ist jetzt zwingend auf deine Hilfe angewiesen. Das ist gut. Für dich. Überlege dir, wie du Schatzi ganz besonders quälen kannst und notiere die Ideen auf dieser Seite!

TAG 331: DER SCHATZZZZZZZZZZZZZ

Versprich deinem Gegenstück eine große Überraschung und zeichne ihm/ihr eine Schatzkarte, wo er diesen Schatz findet. Mach es Schatzi nicht zu leicht. Präsentiere dich am Ende der Schatzsuche als Schatz und rufe laut: Überraschung! Bring deiner besseren Hälfte nahe, dass du ja wohl hoffentlich der größte Schatz für ihn/sie bist. Wehe, wenn nicht!

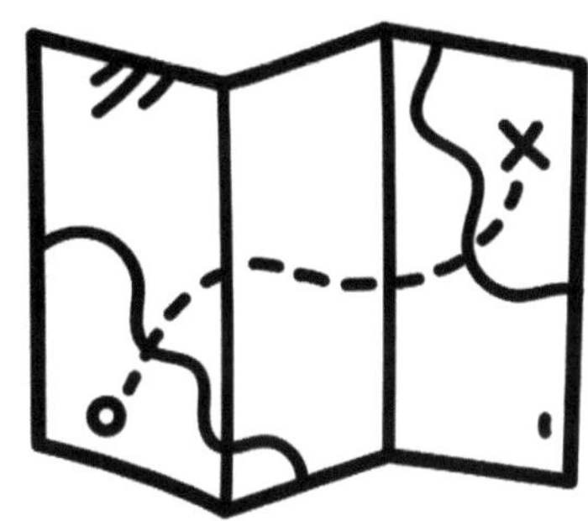

Tag 332: Ich brauche Ruhe! Und zwar sofort!

Wieder Stress mit Schatzi gehabt? Dann versuche doch einmal folgende Meditation, damit deine Gedanken nicht nur um dein Gegenstück kreisen. Setze dich auf die Couch oder einen Stuhl und schließe deine Augen. Atme ganz ruhig und entspannt. Und dann konzentrierst du dich auf deine Sinne, und zwar in folgender Reihenfolge: Sehen, Hören, Riechen, Tasten, Schmecken. Fokussiere dich für jeweils 30 Sekunden auf die einzelnen Sinne. Und mache dazwischen auch immer 30 Sekunden Pause. Die Zeit brauchst du, um dich auf einen neuen Sinn einzustimmen. Wetten, dass du dich nach dieser Mediation schon wieder deutlich chilliger fühlen wirst?

TAG 333: VÖLLIG VON SINNEN!

Du bist völlig von Sinnen! Zeichne in diesem Zustand auf diese Seite alles, was dir durch den Kopf geht.

TAG 334: AUFGEKNÖPFT IST AM BESTEN, ODER?

Du möchtest Schatzi aufknöpfen? Tu es nicht, du hast doch eh schon Rücken. Knüpfe lieber dieses Buch an einen Faden und schleudere es dann wie wild durch die Gegend, immer im Kopf, es wäre dein Gegenstück!

TAG 335: ICH KANN DOCH NICHTS DAFÜR...

Dein Kopf ist voller Mordfantasien? Das versteht jeder in deiner Umgebung, schließlich musst du es mit Schatzi aushalten. Bevor du eine deiner Fantasien noch wirklich auslebst, suche lieber die fünf versteckten Wörter in diesem Wörterrätsel.

Puzzle #5

D	F	W	Q	E	Y	L	S	U	T	L	S	S	Q	F	X
Y	F	V	A	H	W	S	Q	M	B	N	B	J	J	F	S
C	R	Z	U	O	E	M	Q	X	D	U	U	Z	H	D	P
P	Z	B	S	R	Y	P	F	C	V	F	A	W	U	T	S
C	I	P	T	G	E	D	U	L	D	R	R	N	F	G	L
C	Q	S	Q	B	Y	A	W	D	K	Q	R	I	P	V	T
Y	H	N	T	J	Y	D	S	A	N	E	R	V	E	N	H
V	H	S	F	W	L	L	E	M	S	D	V	P	U	X	N
C	A	X	S	A	U	A	O	G	C	Z	M	X	P	Z	D
L	W	N	X	N	N	D	H	Q	H	H	U	F	W	G	Q
H	Q	T	I	I	R	T	J	P	A	U	S	E	M	W	U
L	G	S	U	O	Q	X	A	O	T	A	Z	I	K	B	Y
C	B	T	M	J	M	L	K	S	Z	B	S	O	L	B	X
D	V	X	J	V	P	Y	X	C	I	O	S	M	Z	D	A
L	D	E	L	X	S	V	C	J	A	E	R	C	C	L	M
R	Y	Z	B	Z	X	I	L	T	S	A	Q	Y	N	C	H

FANTASIE	GEDULD
MORD	NERVEN
PAUSE	SCHATZI
STRESS	WUT

Tag 336: Bring Farbe in dein Leben!

Du hast es schon hart genug mit Schatzi. Bring ein bisschen Farbe in dein Leben: Schnapp dir ein paar bunte Malstifte und dann zeichne den schönsten Regenbogen, den die Welt je gesehen hat!

TAG 337: ICH VERSTEH NUR SMILEY!

Du suchst einen Weg, um dein Gegenstück rasend zu machen? Dann probiere mal folgendes: Entscheide dich früh am Morgen auf deinem Handy für einen Smiley, zum Beispiel den Tränen lachenden Smiley oder den kleinen Scheißhaufen und dann antworte auf jede Nachricht von deinem Schatzi mit genau diesem Smiley. Sei mal still: Dann kannst du hören, wie es im Hirn deiner besseren Hälfte rattert.

TAG 338: WO IST DENN MEIN PULS HIN?

Dein Puls ist gerade bei 180? Beruhige dich! Kein Schatzi dieser Welt ist einen Herzinfarkt wert. Zeichne deinen Puls, auf diese Seite.

TAG 339: ALLES FLIEGT!

Du bist kurz davor, deine Kaffeetasse an die Wand zu pfeffern? Du hängst aber doch an deiner Tasse, sie ist eines deiner Lieblings-Stücke. Bevor du noch irgendetwas bereust, fülle lieber dieses Sudoku aus!

2	8	6	5					
		6	8			9	4	
	5							
		3	1	5	8			
	3		2			5	9	
1	4						2	
						4		
	2		3			1		
	8	1						

Tag 340: Du Esel, du!

Dein Schatzi kann manchmal ein ganz schöner Esel sein. Aber eigentlich, eigentlich sind ja Esel ganz süß. Male diesen Esel aus und denk dabei an die schönen Seiten deines Gegenstücks!

TAG 341: AM SEIDENEN FADEN...

Deine Geduldsschnur hängt wirklich am seidenen Faden. Zeichne diese Geduldschnur hier ein oder besser noch, suche dir einen Faden, den du symbolisch hier einklebst.

TAG 342: ICH HAB HALS!

Schatzi schafft es doch immer wieder. Es gibt Situationen, in denen bekommst du echt einen dicken Hals! Zeichne deinen Hals auf diese Seite und dann zeige ihn Schatzi, damit deine bessere Hälfte sieht, was sie dir antut.

TAG 343: ICH HAB DA MAL EINE FRAGE...

Du liebst Umfragen? Du bekommst Umfragen. Hier ist sie: Hand aufs Herz. Hast du Schatzi schon einmal abgemessen, um abzuschätzen zu können, wie tief das Loch sein muss, dass du buddelst?

Antwort:
Ich? (scheinheilig guck)
Ja, aber...
Ja, siehst du nicht den Spaten in meiner Hand?

TAG 344: DAS IST ECHT KRANK!

Schatzi wacht morgens auf und fühlt sich gar nicht gut. Deine bessere Hälfte ist krank. Welche Krankheit könnte Schatzi haben? Such dir drei wirklich gemeine und fiese Krankheiten aus und notiere sie hier auf dieser Seite.

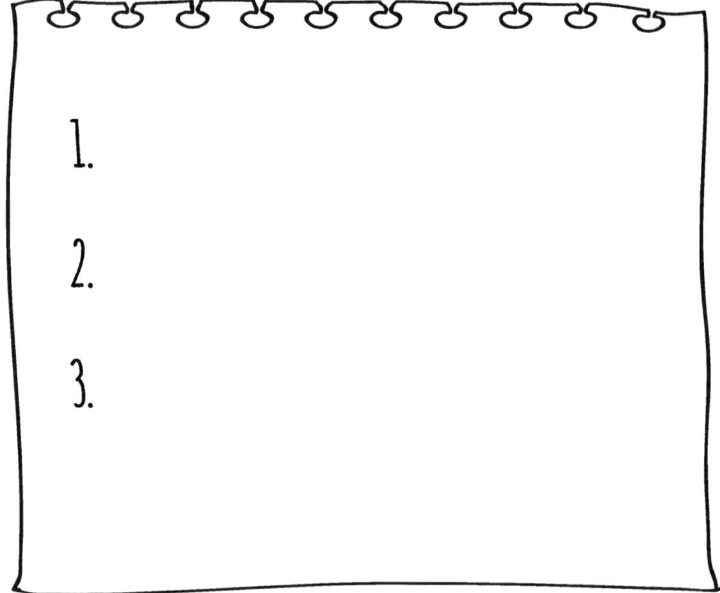

1.

2.

3.

TAG 345: ICH HAB NICHTS ZU LACHEN!

Wenn du wieder einmal einen Tag mit Schatzi erlebst, an dem du wirklich so überhaupt nichts zum Lachen hast, dann absolviere folgende Lachyoga-Übungen. Denn sind wir mal ehrlich: Mit Humor ist doch vieles leichter zu ertragen. Auch Schatzi.

1. Ho,ha,ha – Diese Worte solltest du dir merken. Denn du wiederholst sie immer und immer wieder und klatschst dabei in die Hände. Das mag für Außenstehende vielleicht komisch wirken, aber Andere können dich mal. Wenn du diese Übung ausführst, wird deine gute Laune spürbar steigen!
2. Zeichne dir lächelnde Smileys und verteile die überall in der Wohnung. Immer, wenn dein Blick auf einen der Smileys fällt, MUSST du lächeln. Auch, wenn dir innerlich gar nicht danach ist.
3. Der Luftballon Bauch: Stelle dir vor, du hast einen Luftballon im Bauch. Einen Ballon, der voll mit deinem Lachen steckt. Am Anfang verliert er nur wenig Luft/Lachen. Am Ende immer mehr. Du beginnst also zunächst ganz leise zu lachen und wirst dann immer lauter und lauter. Bis du am Ende aus ganzem Herzen lachst.
4. Immer wenn du an einem Spiegel vorbeigehst, schenke dir ein Lächeln!

Tag 346: Du schaffst mich!

Geh in dich und überlege dir, wie dein Energielevel heute ist? Hast du noch genügend Akku, um den Tag mit Schatzi zu überstehen? Oder neigt sich der Batteriezustand gegen Null? Zeichne dein Energielevel in die Batterie und dann überlege dir, mit welchen Aktionen, du dein Batterielevel wieder aufladen kannst. Notiere diese Ideen rings um die Batterie.

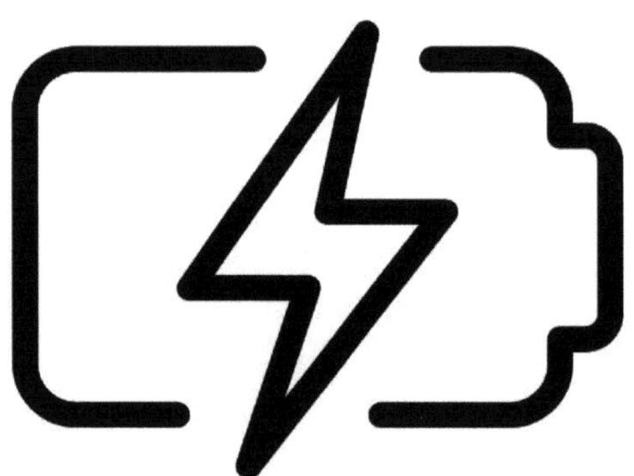

TAG 347: MUNDWINKEL HOCH, ABER PLÖTZLICH!

Was ist ein Mann in Salzsäure?

Antwort: Ein gelöstes Problem.

TAG 348: DA STIMMT WAS NICHT...

Du wusstest ja schon immer, dass mit deinem Gegenstück irgendetwas nicht stimmen kann. Und tatsächlich wurde bei einem Gehirnscan herausgefunden, dass Schatzis Gehirn naja anders ist. Wie könnte das Gehirn aussehen? Zeichne es auf diese Seite!

Tag 349: Romantik? Fehlanzeige!

Dein geplanter romantischer Abend mit deiner besseren Hälfte ging mal wieder voll in die Hose. Bevor du Schatzi jetzt mit dem heißen Wachs der Kerzen übergießt, zieh dich lieber zurück und male dieses Mandala aus!

TAG 350: HAHAHA

Wer hat denn da heute eine dicke Lippe riskiert? Zeichne die Lippe von deinem Gegenstück auf diese Seite.

TAG 351: TSCHULDIGUNG, ICH HAB TOURETTE!

Tourette ist eine Krankheit, bei der Betroffene auch mit Schimpfwörtern um sich schmeißen. Tu an einem Tag mit Schatzi so, als ob du an dieser Krankheit leiden würdest. Ein Dialog könnte dann so aussehen:
Schatzi: Reichst du mir das Salz?
Du: Natürlich. Idiot! Schnepfe!

TAG 352: WÜRDEST DU LIEBER?

Auf geht's in eine neue Runde: Würdest du lieber…! So kannst du Schatzi auf Herz und Nieren prüfen:

1. Würdest du lieber 7 Finger an einer deiner Hände haben oder lieber 7 Zehen an einen deiner Füße?
2. Würdest du lieber die letzten zwei Jahre vergessen oder die kommenden zwei Jahre?
3. Würdest du lieber mit Tieren sprechen können oder meine Gedanken lesen?
4. Würdest du lieber nie wieder im Supermarkt anstehen oder nie wieder an einer roten Ampel warten müssen?
5. Würdest du lieber dein Telefon nur noch einmal die Woche anmachen oder nur noch zweimal im Jahr deine Haare waschen?

TAG 353: ICH GLAUBE, DER REISSVERSCHLUSS KLEMMT...

Wer ist heute früh aufgewacht, wollte sich anziehen und hat dann mit Schrecken feststellen müssen, dass der Reißverschluss nicht mehr zugeht? Und zwar wirklich so überhaupt nicht mehr?

Antwort:

TAG 354: ZITATE ZUM SCHMUNZELN!

„Ich habe meinen Traum-Schatzi gefunden: Meinen Schatten..."

TAG 355: HERZ AUS STEIN

Du denkst, dein Schatzi hat ein Herz aus Stein? Macht nichts. Du kannst dir dein eigenes machen! Male dieses Herz an und dann schneide es aus. Trage es immer bei dir. Damit du es jederzeit ansehen kannst, wenn du etwas brauchst, was dein Herz erwärmt.

TAG 356: WO STEHST DU DENN DA?

Schatzi steht echt auf der Leitung! Zeichne die Leitung auf diese Seite...

Tag 357: Ich brauch einen verdammten Diamanten!

Du bist der Meinung, es müssen dringend ein paar Diamanten ins Haus? Schicke Schatzi schnurstracks zum Saturn oder Jupiter. Dort regnet es Diamanten!

Tag 358: Oh, ein Baby!

Am Abend war die Welt noch in Ordnung. Wie immer gehst du mit Schatzi ins Bett. Am nächsten Morgen wachst du auf. Neben dir: Ein Baby! Es ist dein Gegenstück, das in den letzten 12 Stunden immer jünger und jünger geworden ist. Ist das nicht süß?

TAG 359: DU SEIST VERFLUCHT!

Juchuuuu. Heute ist dein Glückstag. Warum? Du darfst dir einen Fluch für Schatzi überlegen. Überlege weise, du hast nur einen Fluch übrig. Notiere den Fluch auf dieser Seite.

TAG 360: DAS ERDLOCH

Du möchtest ein Loch für dein Gegenstück in deinem Garten buddeln? Dein Garten ist doch viel zu schön, um ihn mit einem Loch zu verschandeln, auch wenn du es später ja wieder mit Erde auffüllen willst. Nach Schatzis Exit. Schneide doch lieber mit der Schere ein Loch auf diese Seite und stell dir vor, es wäre groß genug. Für Schatzi.

TAG 361: HÄNGST DU AN DER FLASCHE?

Wer soll heute von deiner Wasserflasche eingesaugt werden und fortan als Flaschengeist hausen?

Antwort:

TAG 362: BRAUCHT DA JEMAND ERSTE-HILFE?

Nur du, ja du ganz allein, kannst Schatzi jetzt noch retten. Dein Gegenstück hat eine Wunde, die dringend genäht werden muss. Nimm dir Nadel und Faden und nähe auf dieser Seite entlang. Stell dir dabei vor, du würdest damit Schatzi das Leben retten!

TAG 363: AB AUF DIE INSEL!

Du sehnst dich nach einer einsamen Insel? Schaffe dir deine ganze persönliche Zeitinsel. Gehe dabei folgendermaßen vor:

1. Schalte ALLE technischen Geräte in deiner Nähe aus, auch das Handy.
2. Hole dir dein Lieblingsgetränk.
3. Setze dich mit deinem Lieblingsgetränk an deinem absoluten Wohlfühlort.
4. Spiele deine Lieblings-Playlist ab!

TAG 364: ICH BRAUCHE ECHT WAS HARTES! MIT ALKOHOL.

Manchmal braucht man echt was Hartes. Nein, nicht was du jetzt gerade denkst (hihi). Es gibt Tage, an denen hilft nur ein Cocktail. Hier ist die Variante mit Alkohol:

Für den „Swimming Pool" brauchst du:
4 cl weißer Rum
2 cl Sahne
3 cl Kokosmilch
2 cl Blue Curacao
10 cl Ananassaft

Wie macht man den Cocktail?
Gib zunächst ein paar Eiswürfel in dein Glas. Mixe die restlichen Zutaten, allerdings ohne Blue Curacao in einem Shaker. Gieße sie über das Eis. Zum Schluss gibst du den Blue Curacao hinzu. Jetzt zurücklehnen und genießen!

TAG 365: ICH BRAUCHE ECHT WAS HARTES! OHNE ALKOHOL.

Du willst auf Alkohol verzichten? Nicht aber auf einen Cocktail? Dann kommt hier die alkoholfreie Variante für dich. Bitte sehr.

Swimmingpool alkoholfrei:
2 cl Sahne
4 cl Kokosmilch
4 cl Blue Curacao-Sirup
15 cl Ananassaft

So bereitest du den Cocktail zu:
Gib alle Zutaten in einen Shaker und fülle mit ein paar Eiswürfeln auf. Schüttele den Shaker gut durch und gieße den Cocktail dann in ein Glas! Viel Spaß beim Schnabulieren!

BERÜHMTE LETZTE WORTE:

Juchuuuuu! Es liegen 365 spannende Mitmach-Aktionen hinter dir. Niemand, aber wirklich Niemand kann dir jetzt noch vorwerfen, du hättest nicht ALLES getan, um deinen Schatzi am Leben zu lassen! Man kann es gar nicht oft genug wiederholen: Es gibt sicher Tage, da würdest du gerne. Aber du darfst nicht. Auch wenn du noch so sehr möchtest. Und ganz tief in deinem Innern weißt du auch, dass dir die Gefängnis-Kleidung nicht steht. Geht gar nicht. Hast du noch die Krone? Die du in diesem Mitmachbuch gebastelt hast? Dann ist jetzt der Zeitpunkt gekommen, um diese Krone aufzusetzen und dich zu feiern. Weil du, ja du, eine Waffe gewählt hast, die am effektivsten gegen alle Schatzis der Welt wirkt: Humor.

Also lehn dich zurück und schenke dir ein Lächeln: Auf die nächsten 365 Tage mit Schatzi. Denn wenn du ganz ehrlich bist. So ein bisschen dolle lieb hast du dein Gegenstück ja schon. Nicht wahr?

LÖSUNGEN

Lösung Sudoku 1

4	9	6	1	8	2	7	5	3
1	3	5	6	9	7	4	2	8
7	8	2	5	4	3	6	9	1
2	5	3	4	1	8	9	7	6
8	7	1	9	2	6	5	3	4
6	4	9	3	7	5	8	1	2
5	1	7	8	3	4	2	6	9
3	6	4	2	5	9	1	8	7
9	2	8	7	6	1	3	4	5

Lösung Sudoku 2

3	8	5	2	9	4	7	6	1
1	6	2	3	7	5	8	4	9
7	9	4	8	6	1	2	3	5
2	5	6	4	3	9	1	8	7
9	4	3	1	8	7	5	2	6
8	1	7	6	5	2	3	9	4
5	7	8	9	2	6	4	1	3
4	2	9	5	1	3	6	7	8
6	3	1	7	4	8	9	5	2

Lösung Sudoku 3

6	3	7	5	1	8	2	4	9
1	5	4	3	9	2	6	7	8
8	2	9	4	6	7	3	1	5
5	7	8	1	3	6	4	9	2
2	6	1	8	4	9	7	5	3
4	9	3	2	7	5	1	8	6
3	4	6	9	5	1	8	2	7
9	1	2	7	8	3	5	6	4
7	8	5	6	2	4	9	3	1

Lösung Sudoku 4

6	4	9	1	2	3	8	7	5
7	5	8	9	4	6	3	1	2
3	2	1	7	5	8	4	9	6
5	3	2	8	7	4	9	6	1
1	8	7	6	9	5	2	3	4
9	6	4	3	1	2	7	5	8
8	1	6	2	3	7	5	4	9
2	7	5	4	6	9	1	8	3
4	9	3	5	8	1	6	2	7

Lösung Sudoku 5

3	6	5	2	7	9	4	1	8
1	9	4	6	8	3	5	2	7
7	2	8	4	5	1	6	9	3
2	4	7	8	6	5	9	3	1
5	8	3	1	9	7	2	4	6
9	1	6	3	4	2	7	8	5
4	7	1	9	3	6	8	5	2
6	3	9	5	2	8	1	7	4
8	5	2	7	1	4	3	6	9

Lösung Sudoku 6

9	7	1	2	3	6	5	8	4
3	2	5	8	4	7	9	6	1
6	8	4	1	9	5	3	2	7
8	3	9	7	2	4	6	1	5
2	5	7	6	8	1	4	9	3
4	1	6	9	5	3	2	7	8
5	6	8	3	1	2	7	4	9
7	9	3	4	6	8	1	5	2
1	4	2	5	7	9	8	3	6

Lösung Sudoku 7

9	2	8	6	5	4	3	1	7
3	1	6	8	7	2	9	4	5
7	5	4	1	9	3	2	6	8
2	6	9	3	1	5	8	7	4
8	3	7	4	2	6	5	9	1
1	4	5	9	8	7	6	2	3
5	7	3	2	6	1	4	8	9
4	9	2	7	3	8	1	5	6
6	8	1	5	4	9	7	3	2

Puzzle #1 - Lösung

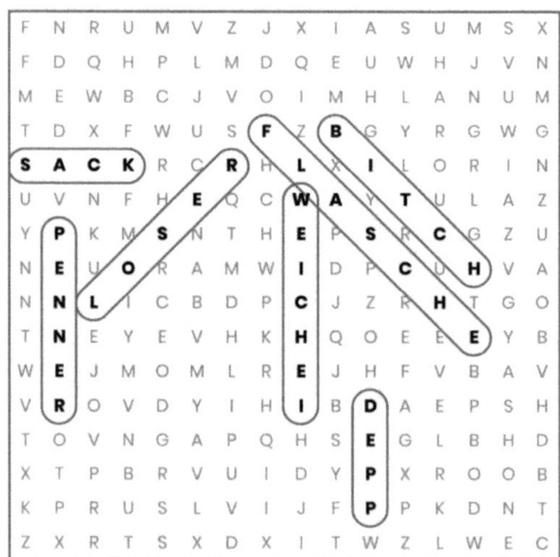

Puzzle #2 - Lösung

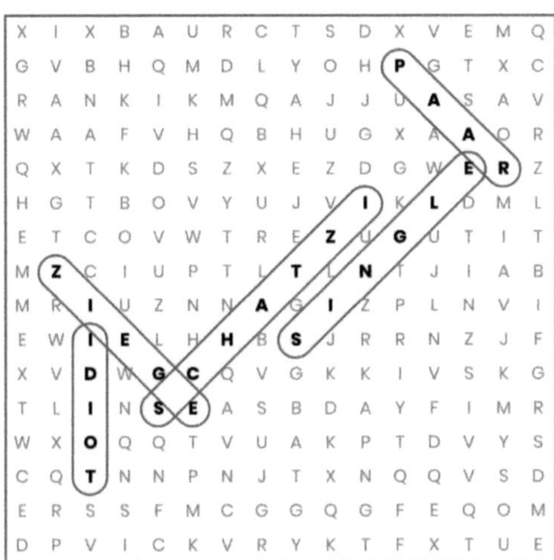

Puzzle #3 - Lösung

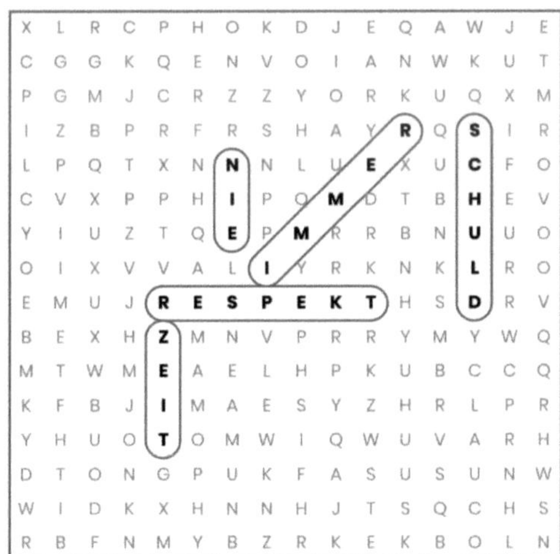

Puzzle #4 - Lösung

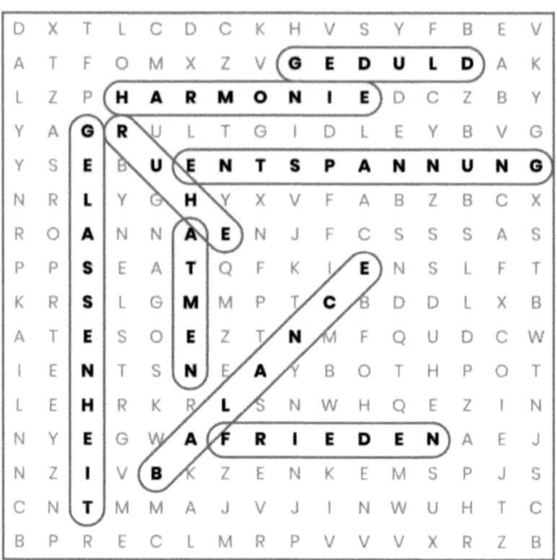

Puzzle #5 - Lösung

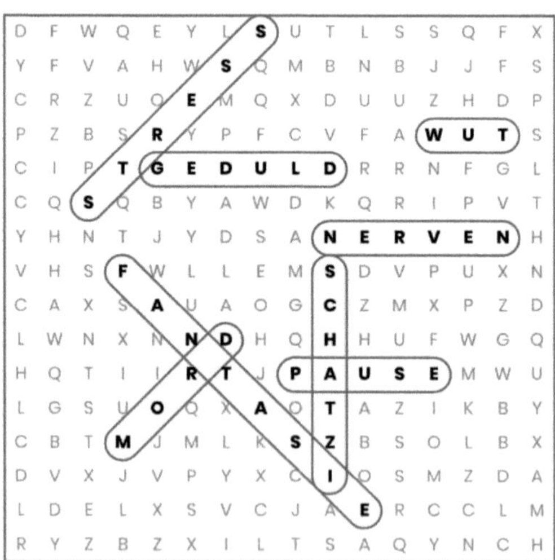